クリス・マーシャル［著］
片野淳彦［訳］

聖書の正義
イエスは何と対決したのか

The Little Book of Biblical Justice
A fresh approach to the Bible's teachings on justice
by **Chris Marshall**

いのちのことば社

THE LITTLE BOOK OF BIBLICAL JUSTICE

by Chris Marshall

International Standard Book Number: 1-56148-505-5
Library of Congress Catalog Card Number: 2005029815

Japanese Translation rights arranged with
Skyhorse Publishing Inc., New York
through Tuttle-Mori Agency, Inc,. Tokyo

目次

1　正義とは何か

本書の目的は、正義について聖書が教えることについて、その特徴を明らかにすることです。キリスト教徒にとって聖書は、信仰と実践の問題に指針を与える、欠かすことのできない重要な手がかりです。したがって、正義について聖書が教えることは、社会正義であれ刑事司法であれ（訳註＝英語の justice には「正義」と「司法」の両方の意味がある。両者が同じ原語であることを示すために「ジャスティス」と訳す文献もあるが、本書では通用性を優先して訳し分ける）、こんにちのキリスト教徒の思想と行動にとってたいへん重要であるはずです。

また、聖書は西欧文化一般の発展に、重要な影響を与えてもきました。そのため正義についての聖書的視点を探ることは、西欧の政治や司法についての思想一般を形作る信念や価値観を理解するのに役立つと思われます。

しかし、正義について聖書が教えるところを理解するのは、決して簡単ではありません。いろいろ複雑な要素と折り合いをつけなければならないからです。

- 扱うべき情報の量が膨大です。新旧約聖書には何百か所も正義について明確な言及があり、暗に正義に言及していると思われる箇所はさらに数百あります。実は、聖書においてもっとも頻繁に立ち現れる話題の一つが正義なのです。
- その情報はまた、非常に多様です。相異なる聖書の著者が、相異なる歴史状況に言及し、何が正義に求められるかについて（とりわけ刑事司法について）相異なる立場を取ることもあります。本書では、著者らが神学的に広く合意できている部分に注目しますが、とりわけ正義の問題においては、詳細な部分にこそ困難があるということを忘れてはなりません。
- もう一つ忘れてはならないのは、聖書で語られる正義は、さまざまな点で現代の世俗的な社会とはきわめて異なる文化的・宗教的世界観に立脚しているということです。聖書が教える正義の次元を理解するには、私たち自身の世界とは異なる世界に越境する必要があり、それは決して容易なことではありません。

これらの要素に加えて、正義の概念そのものにまつわる複雑さというものがあります。実のところ、正義とはいったい何でしょう。正義は客観的に存在するものでしょうか、それとも単に社会的合意の産物なのでしょうか。公正・平等・均衡のような、不変の性質が正義にはあるのでしょうか、それとも異なる状況では異なる人々に対して異なることを正義は意味するのでしょうか。正義は何に由来するのでしょうか。いかにして正義を知ることができるでしょうか。正義はどのように定義されるべきでしょうか。正義と愛と慈しみはどのような関係にあるのでしょうか。

これらはいずれもたいへん難しい問いであり、ここで詳細に踏み込むことはできません。しかし、倫理学や法哲学の難解な議論をたどらなくても、正義が逆説的な価値であることは、日常のやりとりから明らかであると思われます。

正義という逆説

正義とは、とても感情的な影響力と、非常に曖昧な意味とが結びついた概念の一つです。正義は、自明の真実であると同時に、賛否の分かれる現実でもあります。この逆説の両側面を検討してみましょう。

● 一方で、私たちはみな、正義とは何であるか、自然とわきまえているという強い感覚をもっています。私たちはいつも正義の基準を当てはめています。正義が侵害されたとき、私たちは直感的にそれに気づきます。とても幼い子どもですら、生まれながらに正義の感覚を強くもっています。そんなのずるい！と、どれほど子どもが頻繁に不平をいうか、考えてみてください。ある行いや状態が不公正なり不正義であると主張することは、考えうるもっとも強い道徳的非難の一つです。しかも、人がこうした異議申し立てをするときには、問題とされる不正義が、他の誰の目にも明白に不正であるはずだという前提があります。

● しかし、ある人にとって明白であることが、他の人にも明白であるとは限りません。正義が考慮すべき根本原則であることに異論はなくても、その原則をどう実践に当てはめるかについては、しばしば異論が吹き出します。たとえば、正しい報い、命には命を、正義のつり合いをとるもの、として死刑を支持する人がいます。一方、人間の尊厳を侮辱するもの、死刑によって非難し是正しようという不正義と何ら違わないもの、として死刑を否定する人がいます。

あるいは、基本的な正義の問題として、自身の身体が影響を受けるがゆえに、女性には中絶を選ぶ権利があるという人がいます。しかし、中絶はまだ生まれない子どもを死なせる不正義であり、無辜の人間の命を奪う正当化できない行為であるという人もいます。

正義をめぐる同様の争論は、人類の歴史に散在しており、社会的な合意はその時代その時代で大きく変わってきました。アリストテレスは、奴隷制は正しい社会と矛盾しないばかりか、絶対必要とすら考えていました。逆に後代の英米の奴隷廃止論者たちにとって、それは不正義そのものでした。

こうして私たちは、逆説的な状況におかれます。正義は重要だと誰もが知っており、正義が要求するものに応えるべきだと誰もが思い、正義のもつ原初的な吸引力を誰もが感じます。しかし、正義が精確には何なのか、正義をどう定義すればいいのか、時代や文化が違うとなぜこうも正義の基準が異なるのか、誰にもよくわからないのです。

正義概念の鍵となる要素

正義の概念が、単純でわかりやすいものではないということは明らかです。愛のように、正義は一般的ないし包括的なもので、実にさまざまな意味や用いられ方を含みます。そのため、正義を簡単で網羅的な定義にくくるのは非常に難しいのです。それでも、正義を説明するときには、少なくとも四つの内容が含まれる場合がほとんどです。

●**配分**――正義が要請するものの一つは、対立する当事者の間で社会的な便益と不利益が適切に配分されることです。人々が社会の財と報酬において自分の公正な取り分を得ること（社会正義）、また道義的に該当しないような処罰や不利益を受けないこと（刑事司法）を、正義は求めます。

●**権力**――正義は、正統な権力の行使に関わります。それは対立する主張を仲裁したり、社会的便益を実現したり、法的義務を強制したり、適切な制裁を課したりします。権力が誤って用いられ、人々に正当に与えられるべきものが否定されたり奪われたりすれば、それは不正義となります。

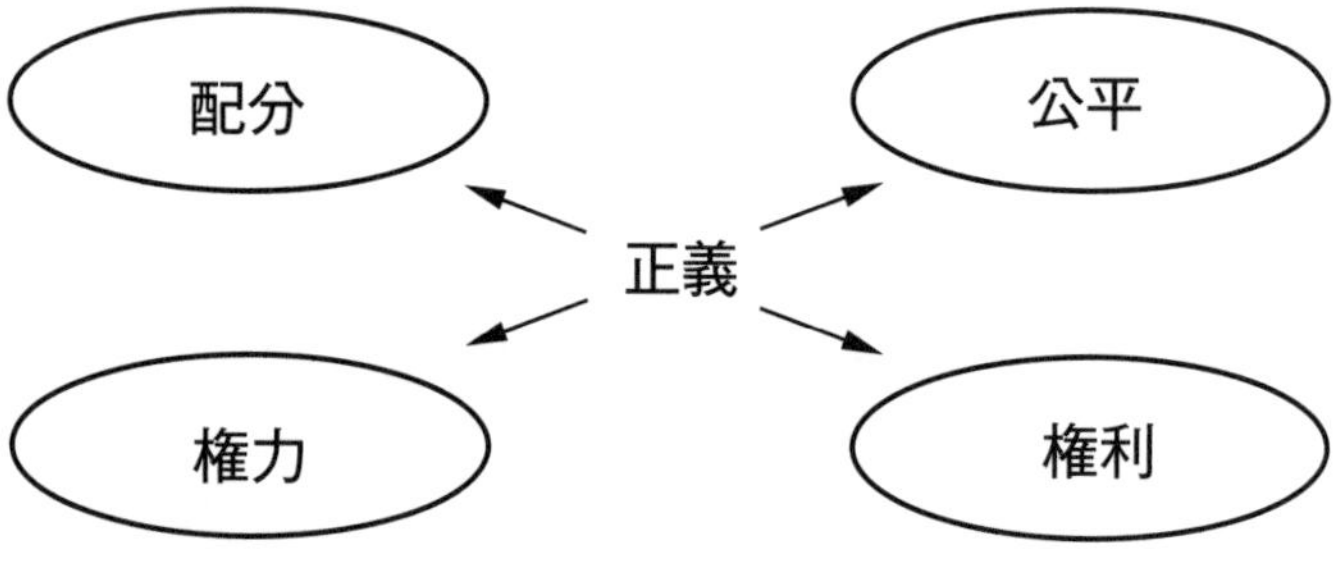

- **公平**——正義は公正と均衡を要するものです。同様のものは同様のものとして、また異なるものは異なるものとして、扱われるべきです。争いごとは公明正大に裁定が下されるべきであり、一方を勝手気ままに不利にするような的はずれで二義的な考えを持ち込むべきではありません。
- **権利**——正義は、人々の権利や資格を、とくに紛争状況において尊重することに関わります。人がある利益を道義的ないし法的に正統に主張でき、他の人にそれを尊重ないし是認する義務があるとき、その人には権利があることになります。正義は、そんな権利に道義的正統性を与えるものです。

ゆえに、もっとも大づかみに言って、正義とは正統な権力を行使して便益と不利益が公正かつ公平に社会において配分されることを確実にし、すべての当事者に対して権利を保障し義務を負わせるもの、と捉えることができます。

とまあ、ここまではいいのです。でも以下のような問いに答えようとすると、争論が吹き出します。誰が権力を行使すべきなのか。どのような種類の権力が適切なのか。特定の当事者にふさわしいのはどんな便益ないし不利益か。特性も貢献も異なる人々にどう資源を配分したら公正だといえるのか。多様な集団の正統な権利や主張が衝突したとき、誰の権利が優先されるべきか。

こうした論点に結論を出すのは決して容易ではありません。それぞれの状況に関わるすべての要素を慎重に考慮することが求められます。また、これらの要素をどう区別し評価するかは、その社会が前提としている世界観や信念の体系に依存しています。ここにおいて、正義は宗教的な理解や意味と接点をもつのです。ある世界観を作り上げる信念、価値、物語、象徴は、人生における究極の問いへの答えを提示するという意味で、宗教的本質をもつといえます。

正義の内容を、実態から距離をおいた客観的な理性のみによって確定することはできないと、いまやほとんどの哲学者が合意しています。そんなものはありません。理性が、人間の他の経験から完全に切り離されて働くことはないのです。せいぜい人間にできるのは、正義（ついでにいえば他のあらゆること）について、特定の歴史的・文化的伝統の文脈の中で考えることだけなのです。言い換えるなら、正義についての私たちの理由づけと理解は、そもそも文脈的ないし歴史的であることが避けられないということです。それは必ずしも、正義そのものが単なる人間の思弁の産物であり、客観的・超越的な実質をもたない、という意味ではありません。ただ、実際の正義を知る私たちの認識が、つねに部分的であり限界があるということなのです。

キリスト教の視点では、正義には実体的・客観的な実質がなければなりません。正義は神に由来し、神は人間の思弁とは関係なしに存在するからです。神が実在であるから、正義も実在なのです。しかし、神の普遍的な正義を知るための私たちの能力は、自分がおかれた特定の歴史的・宗教的伝統からくる人生観や世界観によって条件づけられることが避けられません。そこで、聖書が出てくるわけです。

聖書の貢献

キリスト教徒は、神が存在するがゆえに正義も存在するということだけでなく、ちょうど神の本質について根本的なことをいくらか知ることができるように、正義の本質についても根本的なことをいくらか知ることができる、と信じることができます。そして、正義について学ぶところは、何よりもまず聖書に物語られている、この世を創造し、持続させ、贖《あがな》う神の働きです。

聖書の著者にとって、正義の意味は抽象的な哲学的思弁を通して見つけられるものではありません。正義の意味は何よりも、歴史における神の啓示を通して知られるのであり、聖書にまとめられた文書はその啓示の記録なのです。聖書において、言葉と行いをもってご自分を明らかに示される神の物語こそが、正義とは何であるかを私たちに理解させてくれるのです。

聖書の物語には、神の正義を理解する上で格別に重要な出来事が二つ出てきます。一つは、奴隷であったヘブル人がエジプトから解放され、神の律法のもとで生きる契約共同体がつくられたことです。イスラエルの預言者や詩人は何度もくり返して、この重要な介入によって神の正義が目に見える形となったと言っています。もう一つの出来事は、イエス・キリストが到来して、これまた奴隷状態からの解放と新しい契約をもたらしたことです。新約聖書の著者にとっては、このキリストの出来事は出エジプトの出来事にもまして、「神の義が啓示され」た決定的な出来事でした（ローマ1・16〜17、3・21〜26）。

これら二つの大事件のあいだと周辺で、聖書の著者らは神の正義と人の正義について、能弁にくり返し語っています。その語りを要約する前に、聖書で語られる正義をとりまく神学的な世界観についてもう少し説明しましょう。

2　聖書の世界観における正義

この章では、正義の話題に関わる豊富な聖書のテクストから、正義の理解を素描してみようと思います。また、正義について独特な神学を形作っている、聖書の世界観における根本的な確信や核となる価値観についても論じます。そのような信仰や確信はたくさん挙げられますが、ここでは以下の五つを特筆すべきでしょう。

聖書的正義の基礎

シャローム（平和）

契約

律法

行いと結果

贖いとゆるし

これらの概念を個別に解説する前に、正義というテーマが聖書においていかに中心的な意味をもつか、あらためて確認することが重要です。

中心的なテーマ

聖書においてもっとも頻繁に出てくる話題の一つが正義です。たとえば、性的な罪を表す表現は聖書の中に九十回ほど出てきますが、正義を表すヘブル語（ミシュパート、ツェダーカー）とギリシャ語（ディカイオシュネー、クリシス）は千回以上出てきます。でもこんにち聖書を読む人々は、聖書において正義の概念がこうもありふれていることを認められないかもしれません。その理由の一つは、正義を表すヘブル語やギリシャ語が、さまざまな訳語表現に訳し分けられていて、中には正義とはおよそ関係があるとは思えないことすらあるからです。さまざまな言語表現が用いられることは必要でもあります。聖書における正義の概念は、現在の一般的な概念よりもずっと大きく、ずっと包括的だからです。聖書の正義はいのちのあらゆる側面と接点をもちます――個人的／社会的生活、公的／私的生活、政治的／宗教的生活、人間および人間以外の生命など――。したがって、その場面に応じていろいろな訳語を使い分ける必要があるのです。けれども、その結果、本文にあるような正義概念が広範に頻出し密接に結びついている様子が、翻訳された聖書からは読みとりにくくなってしまっているのです（訳注＝原著は英語で書かれているため、この段落は英語話者を想定して書かれているが、日本語の聖書についても同じ指摘が当てはまるので、日本語話者向けに書き換えた）。

聖書によく出てくる「義」という言葉を例にとってみます。義という聖書の言葉が意味するのは、おおむね「正しい行いやあり方、また正しいと言明したり正しい状態を実現しようとしたりすること」です。義という言葉が紛争や強制、社会的配分を扱う文脈で用いられる場合、それは正義のもつ力や正義をつくり出すための力を含意します。しかしこんにちの言語表現では「義」と「正義」はかなり異なる意味合いを帯びています。「義」とは個人の道義的純粋さや宗教的敬虔さを意味するのに対し、「正義」は法的な公正や権利の平等を意味します。かたや私的・道義的・宗教的領域に属し、かたや公的・政治的・法的領域に属するというわけです。しかし、聖書の用語では、義には私たちが正義という言葉に込める意味が含まれます。ヘブル語聖書ではしばしば「義（ツェダーカー）」と「正義（ミシュパート）」が、ほぼ同義で対になる語として現れます。

公正を水のように、
義を、絶えず流れる谷川のように、流れさせよ。（アモス5・24）

見よ。一人の王が義によって治め、
首長たちは公正によって支配する。（イザヤ32・1）

神よ　あなたのさばきを王に
あなたの義を王の子に与えてください。
彼が義をもって　あなたの民をさばきますように。
公正をもって　あなたの苦しむ民を。（詩篇72・1〜2）

（訳注＝引用中の「公正」は、新共同訳では「正義」。「義」は、新共同訳では「正義」。「あなたのさばき」は、岩波訳では「あなたの公正」。また「あなたの義」は「あなたの正義」。）

ですから、聖書の義は正義を行うという意味を含み、聖書で正義を行うことといえば、誤りを正すこと、物事を「義《ただ》しい」、つまり義の状態へと修復するという意味が含まれるのです。

新約聖書には正義のことがほとんど出てこない、と言われることがあります。しかしこれはまったく間違いです。義という言葉が正義と同じ意味領域にあることがわかれば、新約聖書も旧約聖書と同様に、正義の実現に注目し、それをめざしていることが明らかになるでしょう。

関連する概念の関わり合い

【シャローム（平和）】

シャロームは「平和」を表すヘブル語です。しかし聖書における平和は、ただ武力紛争や暴力がないことだけを消極的に意味するのではありません。シャロームは、調和と完全、健康と繁栄、統一性とバランスが存在すること、という積極的意味をもちます。存在のあらゆる側面――私たちの神との関係や互いの人間関係、自然との関係、私たち自身との関係――が健やかで申し分ない状態だということです。シャロームとは、あらゆることがあるべき状態にあることです。その意味で、シャロームには人間に対する神の基本的意思——つまり人々が生活のあらゆる部面で「よろしい状態」を生きること——が集約されています。

そういうわけで、シャロームとは正義と平和の意味を一つにした概念といえます。シャロームを知るには、正義と平和の両方を実現することが必要です。両者は同一の実在であって分けることはできないのです。

一方で、平和は正義なしには存在しえません。

公正は荒野に宿り、
義は果樹園に住む。
義が平和をつくり出し、
義がとこしえの平穏と安心をもたらすとき、
私の民は、平和な住まい、
安全な家、安らかな憩いの場に住む。（イザヤ32・16～18）

わたしは……平和をあなたの管理者とし、
正義をあなたの監督者とする。
あなたの国には暴虐はもう聞かれず、
あなたの領土には暴行と破滅は聞かれない。
あなたは、あなたの城壁を救いと呼び、
あなたの門を賛美と呼ぶ。（イザヤ60・17～18）

他方で、平和的でない方法で正義を完全に打ち立てることも不可能です。戦争に正義はありません。預言者アモスが言うとおり「彼らは正直に事を行うことを知らない……彼らは自分たちの宮殿に、暴虐と暴行を宝物のように蓄えている」のです（3・10。またアモス1・3～2・4、イザヤ10・5～19も参照）。正義の実現に平和づくりが欠かせないことは、イザヤ書42章が明確に示しています。それは後でもふれるように、宣教への召しにイエスが応える上で、中心的なものであったと思われます。

「見よ。わたしが支えるわたしのしもべ、

わたしの心が喜ぶ、わたしの選んだ者。
わたしは彼の上にわたしの霊を授け、
彼は国々にさばきを行う。
彼は叫ばず、言い争わず、
通りでその声を聞かせない。
傷んだ葦を折ることもなく、
くすぶる灯芯を消すこともなく、
真実をもってさばきを執り行う。
衰えず、くじけることなく、
ついには地にさばきを確立する。……」
(イザヤ42・1~4。61・1~11とも比較。訳注＝引用中の「さばき」は、岩波訳では「公義」。)

【契約】

聖書において契約とは、約束された関係や、より正確には、関係を成立させ双方の権利と責任を具体化する公式の約束を意味します。聖書の物語では、神とイスラエル民族との間でなされた契約が中心的役割を果たします。過分なまでの恵みのわざを通して、神はイスラエル民族と特別な関係を結ぶことを選び、その関係は他のすべての民族にとっても益となることを意図したものでした。

この契約関係の諸条件を明記したものがトーラー（律法）です。これはシナイ山でモーセに与えられた法規で、その後代々にわたって次第に明確化され発展してきたものです。この律法は、イスラエル民族がシャロームのうちに生き、人間の共同体に対して創造主である神が抱いているみ旨を経験するために必要なものを明らかにします。律法の権威は国家の強制的な権力ではなく、人間が祝福され目的が成就するようにという神の意思に由来するのです。イスラエル民族が神の律法に従って生き、神との関係に忠実であり続ける結果として、平和と正義が実現します。なかんずく、この律法はすべての当事者が、互いに正義と慈しみをもってふるまうことを求めます。

つまり、聖書における正義は契約に基づく正義です。イスラエル民族が神との特別な関係を具体的な行いに現したものです。正義は神の律法に従う生き方から生じるものであり、律法の性格は神が人間の生に望むところのシャロームという、より大きなビジョンに由来するのです。したがって、律法と正義と契約とは、聖書において重複し相互に浸透し合う概念なのです。

【トーラー（律法）】

定義上、法は法規則の形をとります。聖書における法も同様で、律法には法的な要求や裁定が何百も含まれています。しかし、聖書の律法は近代的な意味での法規則ではありません。近代法の規則は私情を交えず、技術的に正確で、総合的で、首尾一貫しています。法規の用語は字義どおりに適用され、曖昧さを極力排除します。近代法規則はなにより、その規定を解釈し実現すべき法曹の専門家のためのものです。

これに対し、聖書の律法はより明確に、教育的機能をもちます。律法は、ただ法の専門家にのみ向けられたものではなく、共同体全体に向けてわかりやすい言葉で、神との契約関係に生きることがどういうものかを説き明かしています（とくに申命29・10～12を参照）。トーラーとはそもそも「導き」を意味します。神が義によって人を導く手段なのです。そういうわけで、詩篇の著者は次のように喜びをうたうのです。

郵便はがき

恐縮ですが
切手を
おはりください

164-0001

東京都中野区中野 2-1-5

いのちのことば社

出版部行

ホームページアドレス　https://www.wlpm.or.jp/

お名前	フリガナ	性別	年齢	ご職業
		男・女		
ご住所	〒	Tel.　　　　（　　　）		
所属（教団）教会名		牧師　伝道師　役員 神学生　CS教師　信徒　求道中 その他 該当の欄を○で囲んで下さい。		

WEBで簡単「愛読者フォーム」はこちらから!

https://www.wlpm.or.jp/pub/rd

簡単な入力で書籍へのご感想を投稿いただけます。

新刊・イベント情報を受け取れる、メールマガジンのご登録もしていただけます!

ご記入いただきました情報は、貴重なご意見として、主に今後の出版計画の参考にさせていただきます。その他、「いのちのことば社個人情報保護方針（https://www.wlpm.or.jp/about/privacy_p/）」に基づく範囲内で、各案内の発送などに利用させていただくことがあります。

いのちのことば社＊愛読者カード

本書をお買い上げいただき、ありがとうございました。
今後の出版企画の参考にさせていただきますので、
お手数ですが、ご記入の上、ご投函をお願いいたします。

書名	

お買い上げの書店名

町
市　　　　　　　　　　　　書店

この本を何でお知りになりましたか。

1. 広告　いのちのことば、百万人の福音、クリスチャン新聞、成長、マナ、
信徒の友、キリスト新聞、その他（　　　　　　　　）
2. 書店で見て　3. 小社ホームページを見て　4. SNS（　　　　）
5. 図書目録、パンフレットを見て　6. 人にすすめられて
7. 書評を見て（　　　　　　　　）　8. プレゼントされた
9. その他（　　　　　　　　）

この本についてのご感想。今後の小社出版物についてのご希望。

◆小社ホームページ、各種広告媒体などでご意見を匿名にて掲載させていただく場合がございます。

◆愛読者カードをお送り下さったことは（　ある　初めて　）
ご協力を感謝いたします。

主のおしえは完全で
たましいを生き返らせ
主の証しは確かで
浅はかな者を賢くする。
主の戒めは真っ直ぐで
人の心を喜ばせ
主の仰せは清らかで
人の目を明るくする。
主からの恐れはきよく
とこしえまでも変わらない。
主のさばきはまことであり
ことごとく正しい。
それらは　金よりも　多くの純金よりも慕わしく
蜜よりも　蜜蜂の巣の滴りよりも甘い。（詩篇19・7〜10）

契約の律法の基本的な教えは十戒にまとめられており、契約の民にふさわしいふるまいの限度が定められています。すなわち、偶像崇拝をしない、殺人をしない、盗みをしない、姦通をしない、貪欲をもたないといったことです（出エジプト20・1〜17、申命5・6〜21）。これらの基本原則が聖書の他の箇所で具体的な社会規定に形を変え、あるときは一定の行為を命じたり禁じたりする一般的な規則や命令として、またあるときは個別の状況で具体的な事柄を明らかにする特定の判例法として立てられています。

いずれにせよ、これらはすべての事例に字義どおりに適用される、厳格で即効性のある規制ではありません。モーセの律法を構成する多様な条項は、むしろ法的な理由づけの典型例であり、さまざまな状況下で時間をかけて積み上げられ、他の状況においても導きとなるように定められたと理解すべきでしょう。そのような導きを得る上で決定的な権限をもっていたのがさばき人（士師）です。さばき人たちは書き記された律法はもちろん、先例や事実関係、言い伝えからも導きを得ました。規定を杓子定規に強制するのではなく、「正義を、ただ正義を追い求め」ることが求められたのです（申命16・18〜20、17・8〜13）。

こうしたことをふまえれば、現代人にとってもっとも心穏やかでない旧約聖書の記述の一つ、つまり死刑が求められる場面がやたらと多いことについて、納得できる説明が可能になるかもしれません。死刑が求められる違法行為はおよそ二十あります。死刑となる犯罪が数百にのぼった十八世紀のヨーロッパに比べればはるかに少ないですが、それでもなお多いといえます。親を打つ、姦通する、他人の婚約者と寝る、安息日の規定を破る、といった「ささいな」過ちですら、死刑にあたるとされます。これでは古代イスラエルの町は血の海になってしまう、と思う人もいるかもしれません。

しかし、定められた刑罰がこうした事案に字義どおり適用されることが意図されていたわけではないのではないか、と考えることは十分理由のあることです。旧約聖書には、死刑に値する罪を犯したのに処刑されなかったという事例があまりに多いので、処罰が厳正に行われたと考えることができないのです。特定の行いに極刑を科すとしたのは、それがとりわけ深刻な罪であることを示すためでした。死をもって臨むと宣告することで人々の注目を集め、特定の悪行、とりわけ十戒に言明された契約の基本原則を損なう行いが、破壊的な結果になることを厳しく警告したのです。（十戒のうち聖書の規定で死刑にあたるのは七つにのぼります。）したがって、聖書の律法がこれこれの行いは死に値すると定めているからといって、実際に死刑が例外なく当然に執行されていたわけではないということです。

【行いと結果】

こうして、聖書的正義において神による処罰をどう理解するか、という難問に私たちは直面することになります。後でもみるとおり、聖書には神が罪人を罰することがたくさん言及されており、それは罪を犯した個々人と、不従順や不忠実を責められる民族全体の両方に及びます。罰をもって脅すことが、罪と反逆のうちにとどまるのをやめるよう人々を説得するために用いられることもあります。あるいは、天災や戦災が降りかかると、これは契約関係を維持できなかったイスラエル民族に対する神の罰であると説明されることもあります。言い換えると、人間にふりかかる不幸が神の怒りの訪れと解釈されるのです（ローマ1・18～32を参照）。個別の苦難や歴史上の災難をこのように捉える捉え方を、私たちはどう受けとめるべきでしょうか。

人間の事柄に神が積極的かつ処罰的に介入するという聖書の主張は、行為はそれにふさわしい結果を伴うという、基本的な世界観に照らして検討される必要があります。人間の行為それ自体の中に働く力があって、行いの善悪に従って幸福なり不幸なりがもたらされるというわけです。（申命記30章はこうした考え方の古典的なテキストです。）かたや罪は苦難と連動しており、一方で義は祝福と連動しています。「わざわいは罪人を追いかけるが、正しい人は幸いで報われる」（箴言13・21）のです。それで、なぜ多くのヘブル語が行いとその結果の両方を表すのか、その理由が説明できるでしょう。たとえば、ハッタートという言葉は「罪」と「災難」の両方を意味し、おそらくは「処罰」という意味に最も近いヘブル語です。

この行いと結果の連動は、神とは独立して働く、客観的な因果応報のようなものとは考えられません。そうではなく、そもそも神がこの連動を確かなものにしているのです。神は人間の行いとその結果が連動するよう、積極的に関わります。ただ、神が積極的に仲介して処罰（あるいは祝福）を分け与えることを聖書はくり返し語る一方、人々が自らの、あるいは他人の行いでまいた種の結果を収穫するということも強調されています。実際、処罰というのは自ら招き寄せたものであることがしばしばです。神の責任はあくまで、人間が自分らの行いの結果を確かに受け取るようはからうことです。使徒パウロが言うとおり、神は人々が選ぶままに「引き渡され」たのです（ローマ1・24、26、28）。

このように理解すると、人間の法廷で下される法的な刑罰もまた、聖書の観点では神の怒りの現れと捉えることができます（たとえばローマ13・3～6を参照）。これは、個々の刑罰がすべて神に認証され実行されている、という意味ではありません。むしろ、刑罰が神の怒りと結びつくのは、悪行に対して法的な制裁が正しく行われることが、神の創造に根ざした深い道義的真理を具現化するということを意味するのです。つまり、人間の行いは結果を伴う重要なものであること、それらの結果責任を人間は逃れることができないこと、なぜならそれこそが人間が自由であることの大前提となっているから、ということです。

【贖いとゆるし】

最後に、聖書の中で罪がどう扱われているかについて、簡単にみておきましょう。現代の読者には、旧約聖書の贖罪の儀式で動物のいけにえや「身代わりの山羊」が用いられることから、これを代理刑罰によるものと考える人もいます（レビ4～5章、8～9章、16章を参照。出エジプト29章、民数19章、申命21章、ヘブル9～10章と比較）。この考え方によれば、犠牲という手段により、神が罪深い人間への裁きを罪のない犠牲に向け直すことで、正義の要請をまげることなく罪人にゆるしを与える方途を確保することができるのです。

この考え方は新約聖書において、いかにキリストの贖いの死が救いを成就させるかを説明するためにも用いられます。

しかし、これは聖書における贖いの実践を説明するものとしては、ありえないものです。聖書の世界観では、罪は単に犯罪につながる道義的失敗の問題だけでなく、取り除かなければ感染症のように拡大するおそれのある、汚染源のようなものでもあります。その点では、罪に対するささげ物は代理刑罰ではなく、代理洗浄の手段として機能しているのです。いけにえにされる動物は、それをささげる人々の代理です。動物の頭に手を置くことで、ささげ物をする人々は自分たちの罪深いアイデンティティを象徴的に代理へと移し、罪の痕跡を自分たちから消し去るのです。こうして罪がゆるされます。

しかし、こうして罪がゆるされるのは、いけにえが代わりに罰を受けたからではなく、人々が儀式に参加することで、深い反省と献身の気持ちを表したからです。人々の罪によって傷ついた契約関係がこうして修復され、代理刑罰ではなく、この修復こそが、神の怒りを宥め、神の正義を充足させるのです。物事は再び正常化されます。もちろん新約聖書においても、イエスの身代わりの犠牲としての死こそが、人間の罪深さとけがれに対する神の決定的な「正常化」の手段なのです。

まとめ

聖書における正義の理解は、多くの点で私たちとは異なる神学的・文化的世界観を土台としています。この世界観において、イスラエル民族は神との独特な契約関係にあります。この関係は神の正義を土台とし、神は約束されたことに善良かつ忠実です。イスラエル民族は、神の法すなわちトーラーにしたがって生きることで、契約を認めます。この律法の目的はイスラエル民族がシャロームを享受できるためであり、それは神が創造において人間がつねにそうあるようにと意図した完全な幸せの状態です。しかし、このシャロームはイスラエル民族の罪深い行いにより幾度もさまたげられ、悲惨な結果が降りかかりました。神の律法はこれらの結果を贖罪のささげ物へと転ずる道を与え、罪の贖いとゆるしがなされるようにしたのです。

聖書における正義の概念は、これら相互に関係する確信の関わり合いから輪郭づけられるものです。それでは、この正義の輪郭をより詳しくみていくことにしましょう。

3　聖書的正義の輪郭

ようやく、正義をめぐる聖書の教えについて、その独特な強調点や洞察を具体的に明らかにすることができる準備が整いました。その出発点は、正義それ自体の出発点、つまり神の性格です。

神の属性としての正義

聖書の著者によれば、正義とはまず何よりも、神自身の本質であり徳性です。聖書の記述が、正義という話題にことさら関心を向けているのは、このためです。正義とはまさしく、神のありようそのものです。正義は単に神が願い求めているものではなく、神がどんな存在であり何をなさるかということの中心なのです（イザヤ24・16、30・18、45・21、創世18・25、Ⅱ歴代12・6、ネヘミヤ9・8、詩篇7・9、89・14、97・2、103・17、エレミヤ9・24、ダニエル9・14、ゼパニヤ3・5、ゼカリヤ8・8、ローマ3・26、9・14、Ⅰペテロ

2・23、黙示録15・3)。

まことに私は主の御名を告げ知らせる。
栄光を私たちの神に帰せよ。
主は岩。主のみわざは完全。
まことに主の道はみな正しい。
主は真実な神で偽りがなく、
正しい方、直ぐな方である。(申命32・3〜4)

主はご自分のすべての道において正しく
そのすべてのみわざにおいて恵み深い方。(詩篇145・17)

創造主である神の属性として、正義は創造の計画全体の基調をなしています。詩篇がうたうように、それは神の王座の「基」であり、万物がよって立つ土台です(詩篇89・14、97・2。同102・25、ヨブ38・4、イザヤ48・13と比較)。正義は宇宙の正しい秩序を定め、現実はこうあるべしと神が意図するところのものです。神ご自身の内にある正義と義にのっとって、また正義と義が実現されるように、神はこの世を創造されました。

神はすべての正義と義の源であり尺度であるというこの基本的な確信があるからこそ、聖書の著者は不正義を糾弾することができるのです。イスラエルだけでなく、あらゆる民族の悪行に対し、神の裁きを宣告せずにはおかないのです。すべての民族が神に対し責任を負います。なぜなら「主は義をもって世界をさばき／公正をもって諸国の民をさばかれる」からです（詩篇98・9。同9・8、96・10、13、97・1〜2、6、99・1〜4、ローマ1・18、3・6と比較。訳注＝強調は原著者）。

こうした世界全体を包摂する神の正義を印象的に描いているのが詩篇82です。ここでは国際法廷が開かれ、イスラエルの神ヤハウェが神々や他の民族の支配者に対し、その支配地域で正義がゆがめられていることを糾弾します。詩の最後には、神の正義に対してすべての民が申し開きをする責任が強調されます。

神は　神の会議の中に立ち
神々のただ中でさばきを下す。

いつまで　おまえたちは不正をもってさばき
悪しき者たちの味方をするのか。
弱い者とみなしごのためにさばき
苦しむ者と乏しい者の正しさを認めよ。
弱い者と貧しい者を助け出し
悪しき者たちの手から救い出せ。……
神よ　立ち上がって　地をさばいてください。
あなたが　すべての国々を
ご自分のものとしておられるからです。（詩篇82・1～4、8）

神に本来備わっている正義に対するこうした揺るがない信仰は、神義論（あるいは弁神論、文字通りでは「神の弁明」）という難しい問題を浮かび上がらせます。明らかに悪が存在するのに、神が善であり正義であるとどうやって立証できるでしょうか。全能の創造主であり「正義と公正を愛される」神が、どうしてこの世の残酷な不正義をそのままにしておくことができるでしょうか（イザヤ61・8、詩篇33・5、37・28、99・4）。預言者ハバククはこの問題をよく表しています。

あなたの目は、悪を見るにはあまりにきよくて、
苦悩を見つめることができないのでしょう。
なぜ、裏切り者を眺めて、
黙っておられるのですか。
悪しき者が自分より正しい者を
呑み込もうとしているときに。（ハバクク1・13。マラキ2・17と比較。）

ここで注目すべきは、日常の出来事では悪が明らかに幅をきかせているにもかかわらず、預言者が神の正義と首尾一貫性を疑っていないことです。現実にどんな矛盾を経験するとしても、神の正義に何らかの欠陥があるとか、神の力に限界があるとかいった可能性を、聖書はもてあそんだりしません。聖書において、ヤハウェが正義について完全であることには、何の疑いもありません。なぜなら、イスラエル民族が自身の歴史を通して、神の正義の勝利を証ししているからです（申命32・4、Ⅱサムエル22・31、詩篇18・30）。神の

介入により、イスラエル民族は奴隷制の抑圧から解放され、荒れ野を安全に導かれ、自由で独立した民族として立てられました。イスラエル自身の具体的な経験が、「主が義の神である」（イザヤ30・18）ことを証明しているのです。

ヤハウェの正義は、イスラエル民族に律法が与えられたことによっても確かめられます。律法において、神は契約の民がお互いのふるまいにおいても、神が民に対してふるまったのと同じようにすること、つまり正義と慈しみと公平をもってふるまうことを求めています。

寄留者や孤児の権利を侵してはならない。やもめの衣服を質に取ってはならない。あなたがエジプトで奴隷であったこと、そしてあなたの神、主が、そこから贖い出されたことを覚えていなければならない。それゆえ私はあなたに、このことをせよと命じる。（申命24・17〜18。出エジプト20・2以降、レビ19・36、25・38、26・13、民数15・41、申命5・6以降と比較。訳注＝引用中の「権利」の原語はミシュパート。）

そういうわけで聖書では、正義はまさしく神ご自身の性質に根差したものであり、この世に対する神の関わり方一切を決定づけるものです。アメリカの公民権運動の偉大な指導者であるマーティン・ルーサー・キングが「宇宙は正義に味方している」と言ったとき、彼は聖書の伝統が前提としている根元に共鳴していたのです。正義はすべての現実の客観的な基礎です。この正義を知ることは、哲学的な思弁を通してではなく、抑圧された人々を解放するという神の行いをみることを通して、また弱い人々を守り助けよという、律法や預言者を通じて語られる神の言葉に聞き従うことを通して、可能となるのです。

　このことから、私たちが正義を知ることは、私たちが神を知ることに他ならないということ、また正義に対する神ご自身の揺るぎない思い入れを知ることなしに、神を知ることはありえないことがわかります。

神の姿にならう

　聖書における天地創造の物語によれば、神のかたちとして、神の似姿に造られたのは人間だけでした（創世1・26～27。2・7、5・1～2、9・6と比較）。人間は神の代理者として、この世における神のアイコンのようなものとして、創造されたのです。神の愛による支配を地上で目に見えるようにする手段が人間です。神は正義の神ですから、神の姿を帯びるものもまた、正義を身に帯びなければなりません。正義の意味を神から学び、学んだことをこの世のあらゆる活動で再現すべきなのです。

しかし、不幸にして罪が入り込んだことで、神の真理を知り正義に基づいて生きる力を、人間はゆがめられてしまいました。競争心や暴力や腐敗が、人間の共同体に生じました（創世4・1〜16、23〜24、6・1〜8、11〜13）。しかし、アブラハムの召命とイスラエル民族の選びに始まる神の贖いのわざにより、人間を被造世界におけるもともとの役割へと位置づけ直すことが試みられます。イスラエル民族に対する神の救いのわざが、神の正義の本質をあらためて明らかにし、その恩恵を受けるものたちは、自分らが目にしたことにならって行うようにと命じられるのです（レビ11・45、19・2、20・26、民数15・40、Iペテロ1・16）。

「わたしの民よ、……
わたしはあなたをエジプトの地から上らせ、
奴隷の家からあなたを贖い出し、
あなたの前にモーセと、アロンと、

ミリアムを送った。
わたしの民よ、思い起こせ。……
主の正しいわざを」……
主はあなたに告げられた。
人よ、何が良いことなのか、
主があなたに何を求めておられるのかを。
それは、ただ公正を行い、誠実を愛し、
へりくだって、
あなたの神とともに歩むことではないか。（ミカ6・3〜8）

あなたがたの神、主は神の神、主の主、偉大で力があり、恐ろしい神。えこひいきをせず、賄賂を取らず、みなしごや、やもめのためにさばきを行い、寄留者を愛して、これに食物と衣服を与えられる。あなたがたは寄留者を愛しなさい。あなたがたもエジプトの地で寄留の民だったからである。（申命10・17〜19）

聖書の預言者によれば、神の正義にならうことは、神を知ることの意味をつかむことの証拠です。真に神を知ることは、正義に対する神ご自身の変わらぬ熱意を理解することと、そんな神の正義にならった生き方を自ら貫くことの両方を含むのです（以下を参照。ホセア4・1〜2、5・4、6・6、エレミヤ2・8、4・22、9・2〜6、9・24、22・16、イザヤ58・2、またテトス1・16、Iヨハネ4・8も）。エレミヤが述べるとおり、神を知ることは、富や教育や権力を得ることよりもずっと大切です。しかし、神を知ることは、教義を告白したり不思議な宗教体験をすることにとどまりません。神ご自身の熱意と優先順位を見出して、それらに神と同様の仕方で応ずることを要するのです。

——主はこう言われる——
知恵ある者は自分の知恵を誇るな。
力ある者は自分の力を誇るな。
富ある者は自分の富を誇るな。
誇る者は、ただ、これを誇れ。
悟りを得て、わたしを知っていることを。

わたしは主であり、
地に恵みと公正と正義を行う者であるからだ。
まことに、わたしはこれらのことを喜ぶ。
（エレミヤ9・23〜24。Ⅰコリント1・18〜21と比較）

エレミヤは別の箇所で、労働者を搾取しながら豪勢な宮殿を建設したエホヤキム王を糾弾しています。「公正と義を行った」父のヨシヤ王にならいなさい、それはヨシヤ王に祝福をもたらしただけでなく、王が真に神を知っていたことの証しでもあったのだ、と呼びかけたのです。

「わざわいだ。
不義によって自分の家を建て、
不正によって自分の高殿を建てる者たち。
隣人をただで働かせて報酬も払わず、
『私は自分のために、

広い家、ゆったりとした高殿を建てよう』と言い、
それに窓を取り付けて、
杉の板でおおい、朱を塗る者は。
あなたは杉の木で競って、
王になろうとするのか。
あなたの父は食べたり飲んだりし、
公正と義を行ったではないか。
そのとき、彼は幸福であった。
虐げられた人、貧しい人の訴えを擁護し、
彼は、そのとき幸福であった。
それが、わたしを知っていることではないのか。
――主のことば――（エレミヤ22・13〜16）

希望の的

聖書的な希望――よりよい未来を確信して待つこと――の根本には、神の正義と忠実を

知ることがあります。神が正義の源であり守護者であること、まったき信頼に足る方だからこそ、前向きな変化をつねに期待することができるのです。現在は悪と不正義にまみれているかもしれません。しかし「希望の神」はいつの時代も、虐げられている人々の味方であり、歴史を最終的な救いの方向へと、不思議な力で導いているのです（ローマ15・13、8・18～30）。詩篇の著者がうたったように「幸いなことよ　ヤコブの神を助けとし／その神　主に望みを置く人。／主は……虐げられている者のためにさばきを行い」ます（詩篇146・5～7。10・17～18、103・6～7と比較。強調は原著）。

　これまで見てきたように、正義の意味は、過去と現在における神のふるまいを観察することで理解できるでしょう。しかし、正義が完全に明らかになるのは、依然として将来の希望の的です。目撃され証言されることがいまだ待たれるものなのです。そこで、私たちが現在の状況を理解する上で、二つのことが重要になります。

【批判の土台】　完全な正義が将来の希望であるということは、いかなる既存の政治体制や経済秩序も、完璧ないし十分な正義の実現とはみなせないことを意味します。いかなる社会構造も権力機構も、究極的な重要さをもちません。正義をつくり出そうとするどんな人間の試みも、来るべき神の国の完全な正義に比べれば、部分的で限定的なものにならざるを得ません。したがって、批判の余地はつねにあり、自己満足に安住することはできず、つねに改良が必要なのです。

【行動の必要】 現在の不正義は、ただ許容されたり必然として受け入れられたりするべきでは決してありません。私たちは、この世の悪にやむなく従いながら、神がそれを一掃してくださるのを黙って待っているべきではないのです。そうではなく、私たちは神と歩調を合わせてたゆまず働き、今ここで手に入れられる正義をより大きくし、最終的には神が私たちの努力に実を結ばせて、被造世界を刷新してくださることを信じるのです。来るべき神の正義は、現代により大きな正義を求める人間の営みに取って代わるものではなく、それの積み重なりの上に立てられるのです。

第一の義務

正義はつねに努力です。突然に出現したり、自然に発生したりすることはありません。正義はまた、市場の力学や西洋民主主義の拡大といった、何かほかのものの副産物として自動的あるいは偶発的に生まれるものでもありません。正義の実現は、それにこだわってたたかうことを要します。平和と同様、正義も献身的に追求されるべきものです。なぜなら、どんな社会にも搾取と抑圧の構造を温存することから利益を得ようとする強い力が働いているからです（イザヤ51・1、Ⅰテモテ6・11、Ⅱテモテ2・2。詩篇34・14、ローマ14・19、ヘブル12・14、Ⅰペテロ3・11、Ⅰコリント14・1と比較）。伝道者は、そのことをよく知っているようです。

私は再び、日の下で行われる一切の虐げを見た。
見よ、虐げられている者たちの涙を。
しかし、彼らには慰める者がいない。
彼らを虐げる者たちが権力をふるう。
しかし、彼らには慰める者がいない。（伝道者4・1）

ある州で、貧しい者が虐げられ、権利と正義が踏みにじられているのを見ても、そのことに驚いてはならない。その上役には、それを見張るもう一人の上役がいて、彼

らよりももっと身分の高い者たちもいるからだ。（伝道者5・8）

ですから、正義を追求することは、神の民の第一の義務であるはずです。聖書の預言者が言うとおり、これはあまりに重要なので、正義へのこだわりなしには、神を礼拝するあらゆる方法は、たとえ律法で命じられたものですら、台無しになるのです。正義がないところでは、宗教祭儀は神に吐き気を催させるだけだ、とアモスは言っています。

「わたしはあなたがたの祭りを憎み、退ける。
あなたがたのきよめの集会のときの香りも、
わたしはかぎたくない。
たとえ、あなたがたが、全焼のささげ物や
穀物のささげ物をわたしに献げても、
わたしはこれらを受け入れない。
肥えた家畜の交わりのいけにえを献げても、
わたしは目を留めない。

あなたがたの歌の騒ぎを、わたしから遠ざけよ。
あなたがたの琴の音を、わたしは聞きたくない。
公正を水のように、
義を、絶えず流れる谷川のように、流れさせよ。（アモス5・21～24）

ミカは、たとえいけにえのささげ物の量と質を増したとしても、正義や慈しみや謙遜の必要を帳消しにすることはできないと警告しています。

何をもって、私は主の前に進み行き、
いと高き神の前にひれ伏そうか。
全焼のささげ物、一歳の子牛をもって
御前に進み行くべきだろうか。
主は幾千の雄羊、
幾万の油を喜ばれるだろうか。
私の背きのために、私の長子を、

私のたましいの罪のために、
胎の実を献げるべきだろうか。
主はあなたに告げられた。
人よ、何が良いことなのか、
主があなたに何を求めておられるのかを。
それは、ただ公正を行い、誠実を愛し、
へりくだって、
あなたの神とともに歩むことではないか。（ミカ6・6〜8）

イザヤもまた、不正義と抑圧を隠ぺいする宗教活動に神がうんざりしていることを強調します。原則として、手を血で汚す者たちの祈りに、神は耳を貸しません。

あなたがたが手を伸べ広げて祈っても、
わたしはあなたがたから目をそらす。
どんなに祈りを多くしても聞くことはない。

あなたがたの手は血まみれだ。
洗え。身を清めよ。
わたしの目の前から、
あなたがたの悪い行いを取り除け。
悪事を働くのをやめよ。
善をなすことを習い、
公正を求め、虐げる者を正し、
みなしごを正しくさばき、
やもめを弁護せよ。（イザヤ1・15～17）

別のところでイザヤは、民が正義を実践できないときに、宗教的な断食を用いて都合よく神を「日ごとに求め」たり、「神に近づくことを望」んだり、神に呼ばわったりすることを厳しく非難しています。労働者が追い立てられ、暴力が横行し、貧しい人々が飢えているとき、断食に神が心を動かすことはないのです。

わたしの好む断食とはこれではないか。
悪の束縛を解き、くびきの縄目をほどき、
虐げられた者たちを自由の身とし、
すべてのくびきを砕くことではないか。
飢えた者にあなたのパンを分け与え、
家のない貧しい人々を家に入れ、
裸の人を見てこれに着せ、
あなたの肉親を顧みることではないか。……
そのとき、あなたが呼ぶと主は答え、
あなたが叫び求めると、
「わたしはここにいる」と主は言う。（イザヤ58・6～9）

そういうわけで、聖書の預言者にとって《聖なる》とは、単に特定の民族が区別され、神に選ばれた人々として他の民族から分けられることを意味するのではありません（申命7・6、14・2～21、26・19。レビ20・26と比較）。それはまた、予め定められた宗教儀式を行うことだけでもありません。《聖なる》ことの重要なしるしは、正義を生きる生き方をすることにあります。ちょうど「万軍の主はさばきによって高くなり、聖なる神は正義によって、自ら聖なることを示される」（イザヤ5・16）ように、神の民もまた、正義を熱心に求めることで、自らを他の人々と区別するのです。《聖なる》とは、分離されていることだけでなく、欠けがないことをも意味するからです。《聖なる》生き方は完全で一致した良い生き方であり、神ご自身の統一と首尾一貫性を反映する生き方、正義によって活力を与えられた生き方なのです。

行動へのこだわり

何度も強調してきたように、聖書における正義は抽象的な哲学的思考や、数学的な評価基準といったものではありません。正義とは、神がどのような存在であるか、また神がどのようにこの世と関わりをもっているかを描き記すものなのです（詩篇103・13〜14、145・9）。それがもっとも明確に示されているのは、抑圧されていたイスラエル民族に対する、またイスラエルの中で抑圧されていた人々に対する神のふるまいです（出エジプト3・7〜8、詩篇10・13〜17、35・10、140・12、エレミヤ20・13）。正義は止まったままの理想ではなく、社会が順調に動いていくためのこまめな手入れでもありません。聖書的正義が重んじるのは積極的な行動であり、力を用いて抑圧者に抵抗し、抑圧された人々を解放することです。だからこそアモスは、西洋の伝統では釣り合いのとれた天秤ばかりとして描かれがちな正義を、むしろ絶えず流れる谷川として描いたのです（アモス5・21〜24）。

聖書的正義は、法と秩序が維持されることを意味するだけにとどまりません。法がつねに正しいとは限らないし、秩序が暴力によって守られることだってあるからです。聖書的正義は、構造的な悪には行動をもって立ち向かうことを要請し、急進的な介入で「悪の束縛を解き、くびきの縄目をほどき、虐げられた者たちを自由の身とし、すべてのくびきを砕くこと」を求めるのです（イザヤ58・6）。「朝ごとに公正にさばきを行い、かすめられている者を、虐げる者の手から救い出せ」という戒めを守ることにこだわり続けるのです（エレミヤ21・12）。

イザヤによれば、神の怒りは不正義の存在に対してだけでなく、その不正に何の手も打たないすべての人々にも向けられます。

それは、私たちの背きが御前で多くなり、

私たちの罪が不利な証言をするからだ。……
こうして公正は退けられ、
正義は遠く離れて立っている。
それは、真理が広場でつまずき、
正直さが中に入ることもできないからだ。
そこでは真理は失われ、
悪から遠ざかっている者も略奪される。
主はこれを見て、
公正がないことに心を痛められた。
主は人がいないのを見て、
とりなす者がいないことに啞然とされた。
それで、ご自分の御腕で救いをもたらし、
ご自分の義を支えとされた。
主は義をよろいのように着て、
救いのかぶとを頭にかぶり、

復讐の衣を身にまとい、
ねたみを外套として身をおおわれた。
（イザヤ59・12～17。エゼキエル22・25～30と比較）

もちろん、社会で権威を帯びている人々こそ、正義の追求にもっとも責任があります。政治理論でほぼ普遍的に受け入れられていることは、聖書にも当てはまります。つまり、正義を確保することは政府の第一かつ最重要の課題です。モーセも、イスラエルの族長や役人に対して「正義を、ただ正義を」行うよう命じています。

あなたの神、主があなたに与えようとしておられる、あなたのすべての町囲みの中に、あなたの部族ごとに、さばき人たちと、つかさたちを任命しなければならない。彼らは公正に民をさばかなければならない。あなたはさばきを曲げてはならない。人を偏って見てはならない。賄賂を取ってはならない。賄賂は知恵のある人を盲目にし、正しい人の言い分をゆがめるからである。正義を、ただ正義を追い求めなければならない。そうすれば、あなたは生き、あなたの神、主が与えようとしておられる地

を自分の所有とすることができる。（申命16・18～20。出エジプト18・13～23と比較）

同様に、ヘブルの王にとっても第一の責任は王国で正義を実現させることであり、強い者が抑えられ、弱い者が守られることでした。

主はイスラエルをとこしえに愛しておられるので、あなたを王とし、公正と正義を行わせるのです。（I列王10・9。IIサムエル8・15、申命17・18～20と比較）

神よ、あなたのさばきを王に
あなたの義を王の子に与えてください。
彼が義をもって　あなたの民をさばきますように。
公正をもって　あなたの苦しむ民を。（詩篇72・1～2）

ダビデの王座に着くユダの王よ。あなたも、これらの門の内に入って来るあなたの家来も、またあなたの民も、主のことばを聞け。主はこう言われる。公正と正義とを行い、かすめ取られている者を、虐げる者の手から救い出せ。寄留者、みなしご、やもめを苦しめたり、いじめたりしてはならない。また、咎なき者の血をここで流してはならない。（エレミヤ22・2～3。同22・15～16、エゼキエル45・9と比較）

正義を実現することが最優先の義務だったのですから、将来のメシア（来るべき理想の王）の役割もまた地上に神の正義と平和をもたらすことだったのは、何ら不思議ではありません。

見よ、その時代が来る。
――主のことば――
そのとき、わたしは
ダビデに一つの正しい若枝を起こす。
彼は王となって治め、栄えて、
この地に公正と義を行う。（エレミヤ23・5）

その主権は増し加わり、その平和は限りなく、
ダビデの王座に就いて、その王国を治め、
さばきと正義によってこれを堅く立て、
これを支える。今よりとこしえまで。
万軍の主の熱心がこれを成し遂げる。
（イザヤ9・7。同11・1〜5、42・1〜4、61・1〜9と比較）

次章でみるとおり、新約聖書においては、イエスがこれらの期待を成就させることになります。イエスは神に選ばれたしもべであり、「さばきを勝利に導く」のです（マタイ12・20。イザヤ42・1〜4、マタイ23・23と比較）。

関係としての現実

正義が神の性格に由来するものであり、神のかたちにつくられた人間が神の正義にのっとって互いに共同生活をすべきであるなら、正義とは要するに関係性をめぐる事柄である、ということになります。正義とは、神と人間、また神とこの世との間柄に関わること

であり、人間相互の、また人間と人間を取り巻く被造世界との間柄に関わることなのです。

実はこれこそが、正義と義について聖書が教えることのもっともユニークなところの一つです。聖書的正義はおしなべて関係的です。個人が自分自身の性質として、他の誰からも独立して帯びるものではありません。均衡や公平や公正についての抽象的な規範をまとめたものでもありません。正義とは、健全で一定で生気に満ちた人間関係をつくり出し維持するために、必要なすべてのことを行うということです。正義を評価する基準は、他者に対して自分と同等の尊厳と権利を認める間柄を保って生きるという義務が、どの程度果たされているかということです。人間関係が健全であることと、そんな人間関係のためになすべき事柄をすべての当事者がまもること、その両方が重要です。

これは、聖書の著者らが神の正義や義について語るとき、しばしば念頭においたことです。神が正しいのは、神がイスラエル民族との契約関係に忠実であり、たとえイスラエルがその関係に背いても忠実をつらぬいたからです。神の正義とは、契約の相手が何をしようとも、神は信頼できるという意味です。神の正義は関係への忠実であるということをもっとも明確に表しているのは、おそらくローマ人への手紙3章でしょう。

それでは、ユダヤ人のすぐれている点は何ですか。割礼に何の益があるのですか。あらゆる点から見て、それは大いにあります。第一に、彼らは神のことばを委ねられました。では、どうですか。彼らのうちに不真実な者がいたなら、その不真実は神の真実を無にするのでしょうか。決してそんなことはありません。たとえすべての人が偽り者であるとしても、神は真実な方であるとすべきです。「それゆえ、あなたが告げるとき、あなたは正しくあられ、さばくとき、勝利を得られます」と書いてあるとおりです。では、もし私たちの不義が神の義を明らかにするのなら、私たちはどのように言うべきでしょうか。私は人間的な言い方をしますが、御怒りを下す神は不義なのでしょうか。決してそんなことはありません。もしそうなら、神はどのようにして世界をさばかれるのですか。（ローマ3・1〜6）

使徒パウロがここで力説するのは、神のイスラエル民族に対する正義（つまり選ばれた民との契約関係への神の並々ならぬこだわり）が、イスラエルの不正義（つまり彼らが神の律法に従い正しく生きて神への忠実をつらぬくことができないこと）によって破棄されることはないということです。しかし、神のイスラエルへのこだわりは、神がイスラエルの失敗を見逃したり、その罪を大目にみたりするという意味ではないと、パウロは説明します。もしも神がイスラエルの不正義をなかったことにするなら、もはや神にはこの世を公明正大に裁く適性はないことになりましょう（ローマ2・1〜3・20）。神は、イスラエルに対するこだわりを一切減じることなく、イスラエルの過ちを正さねばならない。パウロにとっては、それこそが、イエスの死の意味だったのです。

聖書的正義が関係的性質をもつことから、聖書の著者らが正義と慈しみの間に緊張関係を認めない理由がわかります。実に、神の慈しみこそ、神の正義の現れなのです。

それゆえ主は、
あなたがたに恵みを与えようとして待ち、
それゆえ、あわれみを与えようと立ち上がられる。
主が義の神であるからだ。
幸いなことよ、主を待ち望むすべての者は。
（イザヤ30・18。詩篇85・10と比較）

私たちは慈しみと正義を正反対のものと考えがちです。悪いことが起きたときに慈しみを示すのは、正義が求める罰を差し控え軽んじることである、と。そうすると慈しみこそ一種の不正義にほかならなくなります。しかしこれは、正義を厳密に計量的・律法主義的に考えた場合にのみ当てはまることです。そうではなく、健全な関係を修復するという意味で正義を理解するなら、慈しみこそがそれを実現する最良の方法である場合は珍しくありません。慈しみは、正義を邪魔するどころか、その実現に役立つのです。健全な関係がうまく機能するためには、憐れみ深い心で人間の誤りやすさを受け入れることが欠かせません。誤りが起きるところでは、正義には慈しみが加味されねばなりません。そうでなければ、それは真の正義ではありません。

万軍の主はこう言われる。
「真実のさばきを行い、
誠意とあわれみを互いに示せ。」
（ゼカリヤ7・9。ホセア12・6、ミカ6・8、ヤコブ2・13と比較）

不利な立場の人々によりそう

かくして、正義について聖書が教えることの最重要ポイントの一つにたどり着きます。それは、異なる状況下では異なる優先順位が求められるということです。えこひいきを一切せず、利害にとらわれない不偏不党の姿勢が正義である場合もあります。また、特定の人々の利害を他の人々のそれとはっきり区別して、明確に優先する姿勢が正義である場合もあります。正義とは、問題となっている事柄によって、中立的にも党派的にもなるし、偏ることにも偏らないことにもなり、公平にも不公平にもなるのです。

まず、聖書の律法で不偏不党が決定的に重要だとされるのは、犯罪を扱う場合、あるいは訴訟を仲裁する場合です。適用される法規や制裁が身分によって異なる他の古代社会とは異なり、イスラエル民族の刑事法や訴訟法は驚くほど公平でした。共同体のすべての構成員が同じ基準に従うべきとされ、さばき人には、事情聴取で社会的・経済的地位を考慮しないこと、最高値をつける者に正義を売り渡さないことが厳命されました。

「あなたがたの同胞相互の言い分をよく聞き、ある人とその同胞間との間、また寄留者との間を正しくさばきなさい。裁判では人を偏って見てはならない。身分の低い人にも高い人にもみな、同じように聞かなければならない。人を恐れてはならない。さばきは神のものだからである。あなたがたにとって難しすぎる事柄は、私のところに持って来なさい。私がそれを聞こう。」（申命1・16～17）

あなたはさばきを曲げてはならない。人を偏って見てはならない。賄賂を取ってはならない。賄賂は知恵のある人を盲目にし、正しい人の言い分をゆがめるからである（申命16・19。ミカ7・3～4、アモス5・12と比較）。

こうした公正な手続きは、ここでもまた、神の正義が公平であることから導かれます。「私たちの神、主には、不正をすることも、えこひいきをすることも、賄賂を取ることもないから」です（Ⅱ歴代19・7。申命10・17、使徒10・34、ローマ2・11、コロサイ3・25、エペソ6・9、Ⅰペテロ1・17と比較）。

聖書においては、訴訟や応報における正義を行う上で不偏不党が重要である一方、社会正義（つまり富や社会資源、政治権力の配分を扱う場合）については、極めて異なる部面に力点がおかれます。ここでは、明確な党派性が示されねばならないのです。特別な配慮や偏重をして利益を守るべきとされるのは、やもめ・孤児・寄留者（移民）・貧しい人々という四つの集団です。

寄留者を苦しめてはならない。虐げてはならない。あなたたちもエジプトの地で寄留の民だったからである。やもめ、みなしごはみな、苦しめてはならない。もしも、あなたがその人たちを苦しめ、彼らがわたしに向かって切に叫ぶことがあれば、わたしは必ず彼らの叫びを聞き入れる。そして、わたしの怒りは燃え上がり、わたしは剣によってあなたたちを殺す。あなたたちの妻はやもめとなり、あなたたちの子どもはみなしごとなる（出エジプト22・21〜24）。

寄留者や孤児の権利を侵してはならない。やもめの衣服を質に取ってはならない。あなたがエジプトで奴隷であったこと、そしてあなたの神、主が、そこから贖い出されたことを覚えていなければならない。それゆえ私はあなたに、このことをせよと命じる（申命24・17〜18、出エジプト23・9）。

わざわいだ。不義の掟を制定する者、
不当な判決を書いている者たち。
彼らは弱い者の訴えを退け、
私の民のうちの貧しい者の権利をかすめる。
こうして、やもめは彼らの餌食となり、
みなしごたちは奪い取られる。
訪れの日、遠くから嵐が来るときに、
あなたがたはどうするのか。
だれに助けを求めて逃げ、
どこに自分の栄光を残すのか。（イザヤ10・1～3）

万軍の主はこう言われる。
「真実のさばきを行い、
誠意とあわれみを互いに示せ。
やもめ、みなしご、

寄留者、貧しい者を虐げるな。
互いに対して、心の中で
悪を企むな。」（ゼカリヤ7・9〜10）

こうした人々（ここには囚人や病人、心に傷を追った人などが含まれることもある）によりそうことは、またもやですが、神の正義の本質に由来します。「主が苦しむ者の訴えを支持し／貧しい者のために　さばきを行われる」からです（詩篇140・12。箴言14・31、22・2と比較）。一見すると、社会の特定の集団を偏重するという考えは、正義と相容れないように思われます。富や国籍や家柄に関係なく、すべての人々がまったく同じに扱われる社会こそが正しい社会なのではないか、と。必ずしもそうではありません。聖書の観点では、社会正義を求めるために特定の集団を偏重すべき主な理由が二つあります。

- **共同体のある特定の集団が、他の集団に比べて、不正義の犠牲にさせられてばかりいることがあるから。**神はすべての人々を平等に価値ある存在として創造し、豊かな被造物の恩恵を受ける権利を平等に与えられました（詩篇8・5〜7、115・16。同24・1

と比較)。しかし、ジェンダー・人種・人格・可能性・能力・才能において、個々人は異なって創造されてもいます。こうした違いが悪用され、神に由来する誰かの権利が否定され、別の誰かが不必要なまでに豊かさを独り占めするなら、それは不正義です。やもめや孤児、移民や貧しい人々に共通するのは、とくに父権制社会における搾取に対して脆弱だということです。やもめには夫がなく、孤児には親がなく、貧しい人々にはお金がなく、よそ者には友だちがない、つまり自分の権利の後ろ盾となるものを欠いているのです。その人たちの権利は、裕福で力のある人たちの権利に比べて、簡単に踏みにじられやすいのです。有力者にも正統な権利がありますが、彼らはその権利を自力で守る手段をもっているのが通常です。

- **人々が貧困や抑圧を受けているという状況は、この世に対する神の意思に反しているから。** 過酷な貧困が存在するということ自体が悪です。豪勢でぜいたくな暮らしをする人がいる一方、飢えて死ぬ人がいることは、神が望むことではありません。食糧や余分な土地をため込む人がいる一方、負債と労役に苦しむ人がいることは、神が望むことではありません(民数11・31〜33、レビ25・8〜17)。ですから聖書において、神が貧しい人々の必要を満たすことは慈善の問題ではなく正義の行いとされるのです。神が本来こうあるべきだと望まれる方向へと、その行いが社会を動かすからです。聖書の理解によれば、社会における正義の度合いをはかるリトマス試験は、その社会のもっとも弱い人々がどんな暮らしをしているかです。不正義をもっとも顕著に示す指標は、自由で生産的な人間として生きながらえて繁栄するために必要不可欠な資源に手が届かない人々がいることなのです。

貧しい人々に対する神の偏重ないし「優遇策」は、結局のところ、公平という利益に資するのです。社会正義を求める長いたたかいにおいては、裕福で力のある側にいつも軍配が上がるように思われますが、神は貧しくて無防備な人々によりそうことで、バランスをとろうとするのです。神はたたかいをつまらなそうに眺めているのではありません。むしろ「虐げられている者のためにさばきを行い／飢えている者にパンを与え……／捕らわれ人を解放され……／目の見えない者たちの目を開け／……かがんでいる者たちを起こされ……／……正しい者たちを愛し／……寄留者を守り／みなしごとやもめを支えられる。しかし悪しき者の道は……曲げられる」のです（詩篇146・7～9）。

でも、神は実際どうやって貧しい人々を守るのでしょうか。どうやって飢えている人にパンを与え、虐げられている人と連帯するのでしょうか。聖書の著者らの目には、神の弱者寄りの正義はどのような実践として映ったのでしょうか。それは以下のようなものでした。

(1)無力で貧しいイスラエル民族を救済する神の歴史的な介入を通して。エジプトでの隷属から救い出され、荒れ野で養われたように、貧しいイスラエル民族をかつて神が「偏重」したことは、過越祭などの年中行事で記念され、神が将来にわたって貧しい人々をとくに大切にすることの根拠とされました。

(2)神の律法に、貧しく弱い人々に具体的な福利と保護を与える規定が盛り込まれることによって。もっとも貧しい人々にすら、食料、衣料、住居、休息が得られるよう保障する規定が、律法にはたくさんあります。自分の土地を持たない人々には、他人の土地によって生存に必要な基本的ニーズを満たす権利が与えられます。

あなたが畑で穀物の刈り入れをして、束の一つを畑に置き忘れたときは、それを取りに戻ってはならない。それは寄留者や孤児、やもめのものとしなければならない。あなたの神、主があなたのすべての手のわざを祝福してくださるためである。あなたがオリーブの実を打ち落とすときは、後になってまた枝を打ってはならない。それは寄留者や孤児、やもめのものとしなければならない。ぶどう畑のぶどうを収穫するときは、後になってまたそれを摘み取ってはならない。それは寄留者や孤児、やもめのものとしなければならない。あなたは、エジプトの地で奴隷であったことを覚えていなければならない。それゆえ私はあなたに、このことをせよと命じる（申命24・19～22。14・28、23・24～25、レビ19・9～10とも比較）。

三年に一度、収穫物の十分の一が、貧しい人や土地を持たない人のために取り置かれます（申命14・28～29）。畑が耕作されない安息年の最中ですら、貧しい人々にはそこから食物を得ることがゆるされました。

六年間は、あなたは地に種を蒔き、収穫をする。しかし、七年目には、その土地をそのまま休ませておかなければならない。民の貧しい人々が食べ、その残りを野の生き物が食べるようにしなければならない。ぶどう畑、オリーブ畑も同様にしなければならない（出エジプト23・10〜11）。

安息とヨベルの規定には、負債の免除、奴隷の解放、所有地の返却が定められています（申命15・1〜11、レビ25・8〜17、出エジプト23・10〜11）。これらの規定は、限られた者の手に富と権力が集中して多くの者が犠牲になるという、あらゆる経済システムが内包する性質に対して、これを相殺するような政治的措置が定期的に必要であることを示しています。このような革命的な措置がかつて十全に実施されたことがあったかどうか、研究者の見解は懐疑的です。しかし、これらの規定はつねに、神が乏しい人々の苦境にとくに目をかけることを、不都合にもイスラエル民族に思い起こさせるものとしての役割を果たしていたのです。

（3）裕福で力のある人々に立ち向かう預言者を神が立てることを通して。王を含む権力者に対し、神は正義の実践を求め、弱者の世話をするという義務を果たせなければ裁きが下ると警告しました。

主は、ご自分の民の長老たちや君主たちと、
さばきの座に入られる。
「あなたがたは、ぶどう畑を荒れすたらせた。
貧しい者からかすめた物が自分たちの家にある。
なぜ、あなたがたは、わが民を砕き、
貧しい者の顔を臼ですりつぶすのか。
――万軍の神、主のことば。」

（イザヤ3・14～15。アモス2・6～7、4・1～3、5・10～13、エレミヤ5・26～29、マラキ3・5、ゼカリヤ7・9～14と比較）

（4）**神が貧しい人々に対し新しい日の訪れを約束することを通じて。**その日には、飢えた人々は食物を得、病人は癒され、捕らわれ人は解放され、苦しみは終わりを告げます（イザヤ35・3～7、61・1～9。ルカ4・18～19と比較）。この約束は、現在には慰めを、将来には希望をもたらすものです。というのも、神が約束することは、その成就のために神がいつも働くことを意味するからです。

神　その道は完全。
主のことばは純粋。
主は　すべて主に身を避ける者の盾。（詩篇18・30。Ⅱサムエル22・31と比較）

修復的な活動

神が貧しい人々を偏重するのは、彼らが不公正な扱いに対してより脆弱だからだ、と述べました。しかし、貧しい人々も自動的に徳が高いわけではありません。彼ら自身、決して悪行をしないわけではないのです。悪行が法廷に訴え出されたとき、律法はあらゆる当事者を偏りなく扱うような司法制度を定めています。

不正な裁判をしてはならない。弱い者をひいきしたり、強い者にへつらったりしてはならない。あなたの同胞を正しくさばかなければならない。（レビ19・15）

多数に従って悪の側に立ってはならない。訴訟において、多数に従って道からそれ、ねじ曲げた証言をしてはならない。また、訴訟において、弱い者を特に重んじてもいけ

ない。（出エジプト23・2～3）

ただ、不偏不党が重要なのは、罪や有責性を確定させるところまでです。いったん罪が確定されれば、聖書における司法制度の力点はむしろ加害行為によって傷つけられたものを修復することにあります。求められる修復の方向性はさまざまです。被害者を修復してまったき者とする、加害者を修復してコミュニティでの正しい立ち位置を与える、広く社会を修復して不安と罪と汚れのない平和をつくる、ということです。

特定の悪事に対する処罰が、聖書で予め定められていることがよくあります。しかし、処罰は目的を達成するための手段であり、それ自体が目的なのではありません。こんにち多くの人たちが考えるのとは異なり、処罰それ自体は正義の要求を満たすものではないのです。正義が満たされるのは、悔い改めや、修復や、刷新によってです。処罰の役割は、こうした修復を促進することを助ける仕組みとして働くことなのです。

多くの犯罪では、制裁として被害者への償いに加えて賠償をさせるのが典型的です。聖書の律法でも具体的な償いの行為が定められていて、たいていは損害と同程度の価値のもので償います（出エジプト21・26～36）。加害の深刻さや、加害者の態度によっては、二倍やそれ以上の償いが求められることもあります（出エジプト22・1、4、9、箴言6・30〜31、出エジプト22・7）。泥棒が反省しているなら、盗んだものを返し、五分の一を追加します（レビ6・5）。泥棒が盗品をもったまま捕まれば償いは二倍になり、すでに盗品を手放して犯行を隠ぺいしようとした場合は四〜五倍の償いをしなければなりません。泥棒が償いを支払えないときは、負債を完済するまで被害者らの奴隷として働きます（出エジプト22・3）。しかし、奴隷となる期間は最大で六年、またはヨベルの年までの間です（出エジプト21・1〜6、申命15・12〜17、レビ25・39〜55）。古代オリエントにおける奴隷制度は、近代ほど恐ろしく残酷なものではありませんでした。実際、ヘブルの奴隷制度は近代の禁固刑よりも人道的だったという議論があるくらいです。

処罰の仕方が、被害者への修復よりも加害者を苦しめているようにみえる場合であっても、大局的には修復をめざしているという方向性が認められます。いくつかの点で、刑罰は応報よりも教育としての機能を果たしていました。

- 刑罰は、どのような行いが道徳的・霊的な豊かさへのもっとも深刻な脅威となりうるかを、共同体全体が認識する助けとなりました。聖書の律法で刑罰にさまざまな軽重が与えられるのは、価値の尺度を反映しています。他の古代社会や十八世紀までのヨーロッパ社会とは異なり、聖書の律法では財産に対する犯罪には決して死刑を適用しません。死刑は、人間に対する犯罪、そして神とイスラエル民族との特別な関係に由来する中心的な義務違反に対してのみ適用されます。死刑の執行が義務づけられているのは稀なケースに限られます（申命13・8～9、19・13、21、25・12、民数35・31～34。創世4・11～15、出エジプト2・11～14、Ⅱサムエル12・13、14・11と比較）。前章でみたとおり、特定の加害にこのような厳罰を科すのは、人間の尊厳を踏みにじったり、他民族とは異なるイスラエルの務めを否定したりする行為が、いかに罪深く破壊的であるかを明確にするためなのです。

●刑罰はまた、悪事が必ず破壊的な結果を、決して無視できず明らかにされなければならない結果を、もたらすことをわかりやすく表現するものでした。そうした結果を扱う最善の方法は、悔い改めと贖いとゆるしと修繕です。刑罰によって、悪い行いが発する否定的なエネルギーが、誤解しようのない明解な形で表され、悔い改めの必要が明らかにされました。

> わたしは悪しき者の死を喜ぶだろうか――神である主のことば――。彼がその生き方から立ち返って生きることを喜ばないだろうか。（エゼキエル18・23。Ⅱテサロニケ3・13～15、Ⅰコリント5・5、Ⅱコリント2・6～8、Ⅰテモテ1・19～20、ヘブル12・7～11と比較）

贖いのため、あるいは「イスラエルの中から悪を取り除く」ために、加害者の死が求められることがあります。その者は深刻な汚れの源であり、神の民の聖なる性質と存続そのものを脅かすものと考えられたのです（民数35・33。申命13・5～11、16、17・7、12、19・19、21・21、22・21～22、24、24・7、レビ24・14、士師20・13、Ⅱサムエル4・11と比較）。その場合でも、共同体が統一されたものとして修復されるために刑罰は行われました。

- 刑罰には、模倣犯を抑止するという意味もありました。刑罰により、特定の行いが共同体の幸福を損なうものであることが明示され、刑罰を目の当たりにする人々が自分自身や他の人々の幸福を損なうことを避けるよう促されるのです。

ひそかにあなたをそそのかして、「さあ、ほかの神々に仕えよう」と言うかもしれない。……あなたは……彼を石で打ちなさい。彼は死ななければならない。彼は、エジプトの地、奴隷の家からあなたを導き出されたあなたの神、主から、あなたを迷わせようとしたからである。イスラエルはみな聞いて恐れ、二度とこのような悪をあなたがたのうちで行わないであろう。（申命13・6～11。申命17・12～13、21・20～21、使徒5・11、ローマ13・3～5、Ⅰテモテ5・20も参照）

こうして、刑罰は聖書における律法の法理に欠かせない要素の一つです。しかし、聖書における正義の特有の関心は、罪人を処罰することではなく、悪事によって引き起こされた損害を明確にして扱い、シャロームを修復することなのです。刑罰は、その目的を達成するのを助ける道具だったのです。

まとめ

聖書における正義の実体は、複雑で多面的なものです。人間の経験のあらゆる次元と関わりがあり、その適用は実にさまざまな形をとります。しかし、社会正義と刑事司法の両方を含む、聖書的正義の精神と方向性をもっともよく捉えている言葉は修復である、といって間違いはないでしょう。正義は神の存在そのものに由来し、神が意図するあるべきこの世の姿を指し示します。しかし現実世界は無秩序におちいり、神が創造したシャロームは傷だらけになっています。神はそれに応えて、この世を本来あるべき姿へと修復しようとなさるのです。

聖書における正義がめざすのは、人間の尊厳と自主性が修復され、必要な資源から不正に遠ざけられていた人々が、基本的なニーズを満足し、物的な生存と人間らしい充実した生を得られるようになることです。神はシャロームを再構築するために、人々を抑圧する権力をくつがえし、被害者を自由にし、罪と死の破壊的な歴史を癒します。そんな神を知るということは、正義の意味を学ぶということです。そんな神を愛するということは、この世に向けて正義を修復するという、神の大きな働きに参加するということです。

4　イエスと正義

エジプトでの奴隷状態からイスラエル民族が解放され、独立した国民として立てられた出来事を通して、神の正義が人々を解放して共同体を創設する力をもつものであること、抑圧的な状況に介入して自由とシャロームを修復するものであることを、みてきました。イスラエルは、神の正義にならうものとして、この世を生きるようにと招かれました。そうするときもありましたが、それができずに歴史的な大失敗を結果することもしばしばでした。

こうして、いつか将来、神の解放の正義が新しい形で地上に明らかにされ、イスラエルの繁栄を取り戻し、すべての被造物を新しくする時がくる、という希望がふくらみました。

新約聖書において、イエスはこの聖書的な希望の成就を表すものです。イエスこそ、神の正義が受肉したものなのです。イエスにおいて、正義は天から地へと、新しく劇的な形で移されました。新約聖書の著者にとっては、イエスこそが「正しい人／方」であり、その生涯と死と復活こそ、地上における神の正義の決定的な啓示にほかなりません（ルカ23・47、マタイ27・19、Ⅰペテロ3・18、ヤコブ5・6、Ⅰヨハネ2・29、黙示録15・3。ローマ1・16〜17、3・21〜26と比較）。したがって、キリスト教徒が正義について学ぶ最善の方法は、イエスの生涯と教えと活動を検討することなのです。

正義を宣べ伝える使命

いつの日か、神が「ダビデに一つの正しい若枝を起こす……この地に公正と義を行う」という、聖書の中に長くあった期待を、イエスはよくわかっていたように思われます（エレミヤ23・5、イザヤ9・2〜7、11・1〜5、61・1〜9）。自身の働きのはじめに、イエスがこのメシア待望をあえて前面に出したことは、抑圧されている人々に正義をもたらすことを自分の使命としたことからもわかります。

それからイエスは……朗読しようとして立たれた。すると、預言者イザヤの書が手渡されたので、その巻物を開いて、こう書いてある箇所に目を留められた。

「主の霊がわたしの上にある。
貧しい人に良い知らせを伝えるため、
主はわたしに油を注ぎ、
わたしを遣わされた。
捕らわれ人には解放を、
目の見えない人には目の開かれることを告げ、
虐げられている人を自由の身とし、
主の恵みの年を告げるために。」

イエスは巻物を巻き、係りの者に渡して座られた。会堂にいた皆の目はイエスに注がれていた。（ルカ4・16〜20）

これに続く働きにおいて、イエスはこの使命を実現していきます。「神の国」、つまり待望の神の正義が地上にもたらされたこと、が今や近づいた、と告げ知らせて回りました（マルコ1・14〜15、マタイ4・17）。聞く者には、あらゆる思い悩みよりも、まず神の義を求めるようにと説きました（マタイ6・33）。病人を癒し、飢えている人に食べさせ、悪霊につかれた人を解放し、排他的で抑圧的な既存のしくみに立ち向かいました。マタイの福音書によれば、イエスの非暴力的正義の働きは、まさしくイザヤ書42章が待ち望んでいたものでした。

イエスは……大勢の群衆がついて来たので、彼らをみな癒された。そして、ご自分のことを人々に知らせないように、彼らを戒められた。これは、預言者イザヤを通して語られたことが成就するためであった。

「見よ、わたしが選んだわたしのしもべ、
わたしの心が喜ぶ、わたしの愛する者。
わたしは彼の上にわたしの霊を授け、
彼は異邦人にさばきを告げる。
彼は言い争わず、叫ばず、
通りでその声を聞く者もない。
傷んだ葦を折ることもなく、
くすぶる灯芯を消すこともない。

さばきを勝利に導くまで、
異邦人は彼の名に望みをかける。」
（マタイ12・15～21。イザヤ42・1～4と比較。訳注＝強調は原著者。
引用中の「さばき」は新共同訳では「正義」。）

これらの個所は、政治や社会変革にはあまり関心のない霊的な教師としてのイエス、というありがちなイメージとは矛盾します。政治的でないイエスという理解は、教会の外でも、キリスト教学の世界でも、長く一般的なものでした。イエスが来たのは救い主としてであって政治活動家としてではない、イエスは霊的な天国を宣べ伝えたのであって地上の国ではない、魂を救おうとしたのであって社会を変えようとしたのではない、個人の信心深さを呼びかけたのであって政治変革ではない、という理解です。学者も説教者もこぞって、当時の（ということは、もちろん現代の）具体的な正義の問題から、イエスを遠く引き離してしまったのです。

しかし、イエスを当時の社会的・政治的問題から完全に切り離すことなんて、実はできないのです。もし神の国が、この世の国と一切なんの関係もないのなら、なぜこの世の政治支配者たちは、イエスを亡きものにしたのでしょうか（ヨハネ18・36〜37）。政治的・軍事的意味合いを一切ぬきにして、ユダヤ人のメシア待望をどうやって呼び起こすことができたでしょうか。政治的でないイエスは、歴史的に信用できるでしょうか。答えは明らかに、いいえです。

この世のものではない国とは?

イエスの働きには政治的な性格が多く含まれることを、私たちがよく見逃す理由の一つは、どんなことが「政治的」活動であるか、という私たちの捉え方がとても狭くて近代的であるためです。福音書を読むとき、教会と国家を対比して捉える視点を持ち込んで、西洋の参加型民主主義のイメージで政治を捉えようとするからです。イエスが政党を結成することも、最高法院に立候補することもせず、社会制度の本質について教えることもしなかったために、政治とは無関係の宗教家、政治のどろどろした現実とは距離をおいた教師だった、と結論してしまうのです。

しかし、宗教と政治を明確に分ける近代的な視点は、古代ユダヤの社会とは異質なものです。イエスの時代には、宗教指導者も政治権力を振るっていました。モーセの律法は、国の法律でもあったのです。神殿は霊的・公共的な権威の中心であり、エルサレム経済の原動力でもありました。最高法院は内政をつかさどり、エルサレムの権力者はローマの総督に最終的な責任を負っていました。ユダヤ・パレスチナでは政治と宗教が一体化しており、古代世界ではどこもそうでした。そのため、福音書でよく取り上げられるような、イエスと宗教権力者との対立は、同時に国の政治権力の中枢との対立でもあったのです。目下の問題は、神学よりも正義により大きく関わるものだったのです。

イエスの働きがもたらした政治的な意味合いは、彼に敵対する人々にとって看過できないものでした。イエスの教えと生き方、特定の伝統や習慣を無視する態度、大胆な律法解釈、とりわけ神殿の境内における勝手なふるまいは、イエスに敵対する人々にとってはユダヤ社会の基盤そのものに対する挑戦であり、さらにはその地域を支配するローマの平和に対する挑戦でした（ルカ19・39とヨハネ11・50を比較）。ですから、イエスに対してもっとも敵対的だったのが、ユダヤ人と異邦人の双方の、宗教的・政治的・軍事的権力者の立場にある人々だったのは、当然のことでした。この人々は、物事が現状のとおりであることから利益を得ている人々であり、イエスがめざした、来るべき神の国の正義に従って個人的・社会的関係が組み替えられると、もっとも多くのものを失うことになる人々でした。

二段構えの方策

イエスの政治的姿勢は、一方で、現実の不正義と社会悪を預言者的に糾弾し、他方で、それに替わる別の社会を提唱して神の国の現実を生き方で示すことでした。この二段構えの方策は、イエスが示した少なくとも四つの社会生活の部面に明示されています。

(1) 社会的差別の拒絶

イエスの抜きん出た特徴として、彼は社会的周辺（貧しい人、弱者、社会的被差別者、女性、子ども、身体障害者、病人、悪霊に取りつかれた人）に目を向けていました。神の国の到来は、社会的に不利な状況におかれた人々へのよい知らせである、とイエスは主張しました（ルカ4・18～22、マタイ11・2～6、ルカ7・18～35）。この知らせは、社会から排除されている人々をも神が受け入れ慰めてくださること、そして神がいま現に働いており、イエスとイエスの働きを通して人々の苦しみを終わらせ再び共同体へと引き入れようとされることを、確約するものでした。

イエスは二つのレベルで社会的差別に立ち向かいました。イエスはまず、宗教専門家の独善と傲慢を公然と批判し、彼らに嫌われることを承知で、罪人や被差別者との親密な交わりを楽しみました（たとえばマタイ9・13、21・31、ルカ6・24〜25、16・15、マルコ2・15〜17、マタイ9・10〜13、ルカ5・27〜32、マタイ11・19、ルカ15・1〜2、ルカ19・1〜10）。同時に、イエスは誰もが受け入れられる共同体を新たに作り、そこでは貧しい人が優先され（たとえばルカ14・12〜24）、病人や牢に捕らわれた人が世話を受け（マタイ25・31〜46）、女性が尊厳をもって男と平等に扱われ（たとえばルカ8・1〜3、10・38〜42、マルコ14・3〜9、15・40〜41、ヨハネ3・7〜8）、子どもが模範とすべきモデルとされ（マルコ9・36、42、マタイ18・1〜5、ルカ9・46〜48、マルコ10・13〜16、マタイ19・13〜15、ルカ18・15〜17）、異邦人やサマリア人が神の恵みを平等に受け取るものとして受け入れられるのです（たとえばマルコ7・24〜30、マタイ15・21〜28、マルコ11・17、13・10、マタイ8・5〜13、ルカ7・1〜10、マタイ12・18、21・43、ルカ20・16、マタイ28・19〜20、ルカ9・51〜55、ヨハネ4・7〜42）。

（2）経済的不正義の批判

ルカの福音書を読むと、イエスが物質主義にとりわけ敵意を抱いていたことを感じずにはいられません。安泰を保障する源としてありあまるほど富をもつことは、徹底的に神に信頼する態度を妨げます（マルコ4・19、マタイ13・22、ルカ8・14、マルコ10・17～31、マタイ19・16～30、ルカ18・18～30、マタイ6・21、ルカ12・16～21、14・1～14、16・13）。さらに、膨大な富がごく少数の人々の手に集中することは、社会に構造的な不正義があることの証拠でした。富める人々が貧しい人々の犠牲によって繁栄していたのです。「貧しい人々は、いつもあなたがたと一緒にいます」（マルコ14・7、マタイ26・11、ヨハネ12・8）というイエスの言葉は、イエスが社会の貧困をしぶしぶ容認していたことを示すものと捉えられるべきではありません。むしろこの言葉には非難の意味が込められていました。というのも、申命記15章11節によれば、貧困に甘んじることは、契約の律法が守られていないことを示す何よりの証拠だからです。

「不正の富」という意味深な言葉（直訳は「不義のマモン」）は、富を追求するとどうしても不正義に行きつく傾向があると、イエスが見抜いていたことをうかがわせます（ルカ16・9）。このことは、当時の貪欲な富裕層をイエスがあからさまに批判していることからもわかります。

しかし、富んでいるあなたがたは哀れです。
あなたがたは慰めをすでに受けているからです。
今満腹しているあなたがたは哀れです。
あなたがたは飢えるようになるからです。（ルカ6・24〜25）

イエスは裕福なエリートを批判する上で、互いに関連する三つの悪を指摘します。不必要な余剰財産を蓄積すること（ルカ12・15〜21、16・19、21・1〜4、マタイ11・8）、貧しい人々のニーズを無視すること（ルカ10・25〜37、16・19〜27）、そして弱者を搾取して堕落させること（マルコ11・15〜19、12・40、ルカ20・47、マタイ23・23以下、ルカ11・42以下）です。これとは対照的に、イエスは貧しい人々の幸いを説きました。

貧しい人たちは幸いです。
神の国はあなたがたのものだからです。
今飢えている人たちは幸いです。
あなたがたは満ち足りるようになるからです。

今泣いている人たちは幸いです。
　あなたがたは笑うようになるからです。（ルカ6・20～21、マタイ5・3～12）

　イエスはここで、貧困や飢えや涙を、それ自体「霊的に価値あるもの」としているので、はありません。貧しい人、飢えている人、泣いている人が祝福されるのは、その現状のせいではなく、神がその現状をひっくり返そうとするからです。神の国が十全に到来するとき、飢えや痛みはもはやなくなります。それまでの間、神の力はイエスに現れ、癒しと解放がもたらされ、新しい共同体が作られて、貧困と飢えと悲しみに立ち向かうのです。この新しい共同体では、物質的な財産に対するまったく新しい態度が行き渡ります。その生き方は、分かち合い（たとえばマルコ10・17～30、マタイ6・2～4、7・7～11、ルカ6・35、38、8・1～3、12・32～34、19・1～10、14・25～35、ヨハネ12・6、13・29）と、質素（マタイ6・19～34、ルカ12・22～31）と、物質的依存（マルコ6・7～13、ルカ9・3、10・4と比較）と、「富の誘惑」（マルコ4・19）に絶えず注意する姿勢によって、新しい共同体のしるしとなるのです。

（3）制度的権力への不信

イエスが活動したのは、国家の占領状態という文脈でした。最終的な権力はローマにありましたが、地元の支配者はローマ帝国の国益にかなう限りで、その地域を支配することを許されました。イエスの時代、ガリラヤ地方はヘロデ・アンティパスの支配下にあり、ユダヤ地方はローマ総督ポンテオ・ピラトの支配下にあり、より日常的な事柄はユダヤの最高法院が管理していました。

そのため、イエスが対峙した制度的・国家的権力は三つの形態をとっていたことになります。ユダヤの宗教指導者による霊的・日常的権威、ヘロデとヘロデ派による内政的権威、ローマによる帝国的・軍事的権威の三つです。イエスは、この三つすべてに対して批判的でした。その政治的批判の大前提は、究極の権威は神のみにあり、人間の権力行使はすべて神の正義を規準として評価されなければならない、というものでした。

●イエスはその働きを通して、ユダヤの宗教指導者の反発をしばしば受けています。イエスは彼らの反発に対し、社会における彼らの行動と役割を明確に否定しました（たとえばマルコ7・6～23、12・1～12、41～44、13・9～10、ルカ11・42～44、16・14～31、

18・9～14)。そのもっとも詳細な例を、マタイ23章に見ることができます。ここを注意深く読むと、イエスの批判は彼らの神学に対してではなく、彼らが宗教的権力を乱用して不正義を定着させていることにあることがわかります。彼らは神の律法を用いて「人々の前で天の御国を閉ざし」、弱者の肩に重荷を載せて指一本貸そうともしないのです(1～4、13～16節)。聖なる信頼を乱用して、個人的な名声や賛辞を増やそうとします(5～7節)。彼らは自分を有徳な模範に見せかけながら、内側は強欲と放縦で満ちています(25節)。彼らは過去の暴力は非難するのに、自分が罪のない人の血を流すことには何のためらいもありません(23～39節)。そして何より、彼らは律法のささいな細目には詳しいのに、神にとってもっとも重要な正義とあわれみと誠実はおろそかにしています。

わざわいだ、偽善の律法学者、パリサイ人。おまえたちはミント、イノンド、クミンの十分の一を納めているが、律法の中ではるかに重要なもの、正義とあわれみと誠実をおろそかにしている。十分の一もおろそかにしてはいけないが、これこそしなければならないことだ。目の見えない案内人たち。ブヨはこして除くのに、らくだは飲み込んで

いる。（マタイ23・23～24）

●ヘロデ派もまた、イエスを脅威とみなし、彼を殺そうとしました（マルコ3・6、12・13）。イエスに共感するパリサイ人たちから、ヘロデ・アンティパスが殺そうとしていると告げられたとき、イエスはむしろ反抗的な返答を「あの狐に」伝えるよう命じています（ルカ13・31～33）。のちにヘロデのもとに送られたとき、イエスは彼の尋問に協力することを拒否しました（ルカ23・6～12）。

●イエスはまた、ローマの権力に対しても批判的でした。イエスは確かに、ローマの支配に対して直接反対したことは一度もありませんでした。聖地からローマ人を暴力によって追い払おうとは決して主張しませんでした。しかし、それはイエスがローマの支配に無関心だったり、容認していたりしたわけではありません。以下に示すとおり、イエスはこの問題と無関係ではなかったのです。

①まず、イエスが宣べ伝えた神の国は、もうすでに「平和と安定」の黄金時代を実現したというローマの誇りを否定することを前提としていました。ローマは力によって世界を平定していました。イエスはこの状況が、神の望む平和ではないと考

えました。「ローマの平和／パクス」は平和もどきであり、イエスはこれを祝福することを拒否しました（ヨハネ14・27、18・36と比較）。実際、自分の使命は現在の「平和な」秩序を不安定化するだろうとイエスはわかっていました。今の平和が土台にしている抑圧と不正義に挑戦することこそ、イエスの使命だったからです（マタイ10・34～35、ルカ23・1～2と比較）。

②倫理についてのイエスの教えやその生き方全般もまた、ローマの価値観や優先順位への批判を内包するものでした。イエスは病人や貧しい人を選びましたが、ローマ人は強い人を重んじました。イエスは謙遜と奉仕を強調しましたが、ローマ人は自身の優越性を誇りとしました。イエスは余った財産は分かち合うよう教えましたが、ローマ人は重税をもって抑圧しました。イエスは剣を用いることを拒みましたが、ローマ人は暴力に卓越していました。

③イエスがローマの権威をあからさまに批判しているところもあります。あるところでは、ローマの支配が本質的に強制的で利己的であることを明らかにしています（ルカ22・25。マルコ10・42、マタイ20・25と比較）。別のところでは、異邦人による支配が物質的なわなであることを説き、神の国ではもっとも小さい者が、王や支

配者よりも尊敬されることを述べています（マタイ11・8、ルカ7・25）。また別のところでは、異邦人の為政者や王が福音に逆らって暴力と殺りくをもって反発するだろうと述べています（マルコ13・9以下、ルカ21・12以下。マタイ24・9と比較）。イエスがローマの権威について述べたもっとも重要なことは、いわゆる「納税問答」でしょう。

さて、彼らはイエスのことばじりをとらえようとして、パリサイ人とヘロデ党のものを数人、イエスのところに遣わした。その人たちはやって来てイエスに言った。「先生。私たちは、あなたが真実な方で、だれにも遠慮しない方だと知っております。人の顔色を見ず、真理に基づいて神の道を教えておられるからです。ところで、カエサルに税金を納めることは、律法にかなっているでしょうか、いないでしょうか。納めるべきでしょうか、納めるべきでないでしょうか。」イエスは彼らの欺瞞を見抜いて言われた。「なぜわたしを試すのですか。デナリ銀貨を持って来て見せなさい。」彼らが持って来ると、イエスは言われた。「これは、だれの肖像と銘ですか。」彼らは、「カエサルのです」と言った。するとイエスは言われた。「カエサルのものはカエサルに、神のものは神に返しなさい。」彼らはイエスのことばに驚嘆した（マルコ12・13〜17、マタイ22・15〜22、ルカ20・20〜26）。

「カエサルのものはカエサルに、神のものは神に返しなさい」というイエスの言葉は、霊的な責任と政治的な責任を区別して、霊的な責任の方を優先しようとするものではありませんでした。また、ローマ帝国による徴税を原則的に容認するものでもありません。（もしイエスの言葉がローマの課税権を明確に認めるものだったなら、「この者は……カエサルに税金を納めるのを禁じ」たと敵対者が訴えるのは難しくなったはずです（ルカ23・2）。）そうではなく、イエスは徴税という具体的な問題から一歩離れて、この問いのさらに奥に横たわる原則、つまりローマ皇帝の命令は神の命令に照らして批判的に吟味されなければならないという原則を示したのです。すべてのものは神に属するのだから、カエサルの命令は神の正義と矛盾しない限りにおいて正統性をもつとされるのです。

一般社会での権力の乱用を批判するだけでなく、イエスは弟子の共同体が、権力や偉大さについての通常のパターンをひっくり返すようにと説きました。その共同体では、こんにちの宗教共同体では普通にみられるような、地位による格付けがあってはなりません（マタイ23・8〜12）。異邦人のように、力ある者が弱い者を支配することも、偉い人たちが権力を振るうこともありません（マルコ10・42〜43）。真の偉さは、もっとも取るに足りない者となろうとすることによって示されるのです（マルコ9・33〜37、マタイ18・1〜6、ルカ9・46〜48、マルコ10・13〜16、マタイ19・13〜15、ルカ18・15〜17）。リーダーシップとは、仕える者となることなのです（ルカ22・26）。

（4）戦争と暴力の否定

既存の「システム」が、目的を達成するためには暴力を認めることを、イエスは知っていました。ローマ帝国による支配の残酷さを、よく知っていたのです。ピラトの冷酷さについて（ルカ13・1）、またローマが民をどのように支配するか（ルカ22・24〜27）、彼は語っています。自分自身が、ローマの手によってやがて拷問と死に直面するだろうということ（マルコ10・33〜34、マタイ20・17〜19、ルカ18・31〜34）、自分に従う人々もまた迫害を受け（マルコ13・9〜10、ルカ21・12〜13）、十字架につけられるだろうということ（マルコ8・34〜38）も知っていました。ローマ人がエルサレムに包囲戦をしかけて、とてつもない恐怖が引き起こされることを、前もって警告していました（ルカ19・41〜44、21・20〜24、23・27〜31）。ユダヤ社会の表には現れない、裏でふつふつと沸き上がる暴力をも知っていました（マタイ23・29〜36、ルカ9・7〜9、19、13・31〜35、マルコ13・9〜13）。暴力の問題について、イエスは決して能天気な理想主義者ではなかったのです。

既存の秩序が人をも殺す力をもって自分の働きに立ちはだかるとき、イエスには三つの選択肢がありました。第一は、ゼロテ派の革命路線をとり、軍事力をもって神の国を実現しようとすることです。第二は、エッセネ派の撤退路線をとり、砂漠に引きこもって腐敗した社会から距離をとることです。第三は、神殿の支配者らの体制路線をとり、既成の不正な秩序と妥協して、悲惨な状況下で最善を尽くすことです。

イエスはこれら三つをすべて退けました。かわりに、非暴力的・犠牲的・平和的な愛を実践することを彼は選び、それを弟子たちにも求めました（マタイ5・38〜48）。イエスは戦争と暴力を完全に拒否し、地上で神の正義を追求する上でこれらの余地はまったくないとしたのです。

しかし、これはイエス自身に暴力的な死がふりかかることを避けられなくしました。権力の座にいる人々は、神の支配のもとにある徹底的な愛のメッセージを恐れるあまり、イエスの殺害を企てたのです。

新約聖書に描かれるイエスの死には、人間の不正義の醜悪な典型という側面と、神の救いの正義の実現という側面の両方があります。二つの側面は一緒に捉えられなければなりません。

死と復活

不正義の側面は、イエスの逮捕と処刑が悪の力によるものであり、一般には人間の悪意、とりわけ支配権力の利己主義を通して表される、という聖書の記述にみられます。たとえばマルコの福音書では、不安や憎しみや嫉妬がどれほどユダヤ人の敵意を増幅したかが描かれています（たとえばマルコ3・6、12・12〜13、14・1〜3、10〜11、15・10。比較として同1・22、2・7、6・3、7・1〜5、8・11〜21、ルカ23・48、ヨハネ19・12）。ルカの福音書では、イエスへの裏切りはユダに入ったサタンのしわざとされ（ルカ22・3。22・31と比較）、ゲツセマネでイエスを捕らえた祭司長らは「闇の力」と結びつけられています（ルカ22・53。23・45と比較）。ヨハネの福音書でも、イエスへの裏切りはユダの心に入ったサタンのしわざとされています（ヨハネ13・2、27）。悪の「支配する者」（ヨハネ

14・30）の影響下で、世間一般は理由もなくイエスを憎みました（ヨハネ15・18、25）。というのも「自分の行いが悪いために、人々が光よりも闇を愛した」からです（ヨハネ3・19。1・9～11と比較）。

「使徒の働き」ではしばしば、イエスがまったく無実であるにもかかわらず、ユダヤ教の指導者が彼を裏切り、拒み、殺し、罪に定め、十字架につけたことを責める言葉が出てきます（使徒2・23、36、3・13～15、4・10、26～28、7・51～52、13・27～29。ルカ23・14、20、22、23・47と比較）。パウロもまた、イエスの殺害に「ユダヤ人たち」（Ⅰテサロニケ2・14～15）と「この世の支配者たち」（Ⅰコリント2・8。コロサイ2・14と比較）が関わっていたことを記しています。「ヘブル人への手紙」ではより一般的に、イエスが「罪人たちの……反抗」を忍耐した（ヘブル12・2～3）とされ、ペテロの手紙ではイエスが「人には捨てられた」としています（Ⅰペテロ2・4～7）。

しかし、イエスの死は、残酷な不正義の行為以上のものとして捉えられています。つまり、神の救いの正義が罪と死の力に対して最終的に勝利する方法としても描かれているのです（たとえばローマ1・16～17、3・21～26、5・6～11、8・1～4、ガラテヤ3・13、Ⅰコリント15・3～4、Ⅱコリント5・19～21、ピリピ2・6～11）。人としてのイエスにおいて、神は人間の疎外経験にどっぷりと浸かり、暴力に暴力で報いる無限の連鎖に人間を封じ込めている悪の力を破ろうとしました。十字架の上で、イエスは人間の罪深さがもたらす結果を、その身体の経験として受けとめ尽くしました。「キリストは自ら十字架の上で、私たちの罪をその身に負われた。それは、私たちが罪を離れ、義のために生きるため」です（Ⅰペテロ2・24）。イエスは、悪の暴力の究極の犠牲者となりました。しかしその犠牲にあって、イエスは自分を虐げる人たちに報復して、罪の支配を継続させたりはしませんでした。暴力に対して暴力で応答せず、自分を剣で守ろうとするペテロの申し出を拒みました（マタイ26・52）。憎しみに対して憎しみで対抗しませんでした。「ののしられても、ののしり返さず、苦しめられても、脅すことをせず、正しくさばかれる方にお任せになった」のです（Ⅰペテロ2・23。ヘブル12・2も参照）。犠牲を強いられることに対して復讐で応答せず、かわりに自分を殺そうとするもののために祈りました。「父よ、彼らをお赦しください。彼らは、自分が何をしているのかが分かっていないのです」（ルカ23・34）。

こうした応答により、イエスは悪の論理を逆転し、その力を奪いとりました。イエスの死は暴力的なものでしたが、神は彼を死者のうちからよみがえらせ、暴力行使がもたらす壊滅的な死ですらも神の力にはかなわないことを示しました。イエスの復活は、悪が敗北したこと、新しい人間存在の形が始まったことを示す、客観的な証拠なのです。

まとめ

神の国を宣べ伝えたイエスの働きは、政治的・社会的な生活の主要な次元とじかに衝突しました。つまり、富と権力の使用、弱者や不利な立場にある人々の地域社会からの排除、不正な現状を維持するための暴力の行使との衝突です。既成の社会秩序にある不正義をイエスは批判し、集団としての悔い改めを呼びかけました。

イエスはまた、自分に従う人々に新しい倫理を提示しました。イエスの共同体では、弱者は尊ばれ、富は正しく配分され、リーダーシップは仕える者となる形で発揮され、非暴力による平和づくりが実践されるべきものとされます。来るべき神の正義による支配の姿に従って生きることをめざすのが、その何よりの存在理由なのです（マタイ6・33）。

イエスは死と復活を通して、ついに「さばきを勝利に導」きました（マタイ12・20。訳注＝引用中の「さばき」は、新共同訳では「正義」）。この世に不正義を生み出す罪の力は破られ、かつては「罪の奴隷」だった人々が「義の奴隷」になること、つまりこの世にあって神の救いと修復と平和づくりの正義の器になることを可能にしたのです（ローマ6・15〜20）。

神の国は食べたり飲んだりすることではなく、聖霊による義と平和と喜びだからです。このようにキリストに仕える人は、神に喜ばれ、人々にも認められるのです。ですから、私たちは、平和に役立つことと、お互いの霊的成長に役立つことを追い求めましょう。（ローマ14・17〜19）

本書を通じて、私たちが見出した聖書的な正義と義を、この一節はよく捉えています。正義は神の国の中心であり、神がこの世で愛の支配を実行する仕方なのです。正義は神の民に課せられた第一の義務であり、この世を変革する神の正義の性質を、その生き方を通して証ししていくのです。それは私たちがこの世でキリストに仕える仕方であり、キリストこそがもっとも力強く、正義を実践することの意味を解き明かしてくれます。だからこそ、そのキリストに従うことで、私たちは神に受け入れられると確信できるのです。

神の国の正義を追求することは、「平和に役立つこと」を追い求めることです。正義を追求することは、共同体の互いの絆を向上させ、聖霊による喜びを与えることでもあります。結局のところ、聖書的正義とは、喜びに満ちた正義であって冷厳な正義ではありません。物事を修復し、癒し、正常化するような、喜びあふれる正義なのです。

付録　要点のまとめ

- 正義は十全に定義するのが難しい概念であり、その原則がいかに実現されるべきかについて、意見が対立することが珍しくない。
- 正義を実現するためには、正統な権力が行使され、社会において利益と制裁が公正に分配されることが確かめられなければならず、またすべての当事者の権利と義務が満たされなければならない。
- 聖書で語られている神の創造と持続と贖いの活動こそ、キリスト教徒が正義の意味について学ぶ主要な場所である。正義は聖書の中心的なテーマである。
- 正義についての聖書の教えは、聖書の著者たちの宗教的・文化的世界観の中で理解されなければならない。契約と律法と正義とは互いに重なり合い、相互依存的な概念として聖書に現れる。
- 正義の客観的な源泉は神である。正義は神ご自身の存在に端を発し、神のこの世に対する関わり方全般を方向づける。すべての人は神に対して、正義が要求するところを行う責任を負う。

- 真に神を理解するには、神ご自身の正義への傾注を理解し、この世における自らの生き方において神の正義にならうよう努めなければならない。
- 悪の力から最終的な解放の方向に歴史を導く、という神の約束が、聖書的な希望の土台となる。信じる者は神とともに、この贖いと刷新の働きに参加するよう召されている。
- 来るべき神の支配の完全な正義に照らし合わせれば、正義を作り出そうとする人間の試みはすべて、部分的で欠陥のあるものとみなされねばならない。既存のいかなる政治的・経済的システムも、批判や改良の余地のないものなどない。
- 正義は、たまたま発生するものではない。それはつねに、たたかい、こだわり、献身の産物である。神が正義にこだわるがゆえに、変革の希望はつねにある。
- 正義の追求にこだわらなければ、神を礼拝する他のあらゆる方法は破綻する。正義を生きる生き方こそ、聖なる生活に不可欠のしるしである。
- 聖書的正義の力点は、抑圧者に抵抗し抑圧されている人々を解放するための積極的な行動におかれる。

- 社会で権威ある地位についている者は、正義の追求に最大の責任を負う。また、共同体のすべてのメンバーもまた、この要請から逃れることはできない。
- 聖書的正義とは、当事者の間に健全で持続的で生き生きとした関係性を作り出し維持することである。したがって、正義の実現には親切と慈しみが欠かせない。
- 聖書的正義は、社会においてもっとも弱く搾取されやすい集団の利益を偏重することを含む。神は、貧しい人々や弱い人々によりそい、社会全体をみたときの公正を確保しようとする。
- 悪事が行われたとき、聖書的正義は損なわれた物事を回復・修復することに基本的関心をもつ。刑罰が行われるのは、シャロームを守り修復するメカニズムとしてであることが多い。
- イエスは自分の歴史的使命を、貧しい人々や虐げられた人々に正義をもたらすことであると考えた。彼のメッセージは、既存の権力者たちにとって脅威であったため、彼らはイエスと敵対した。
- イエスが妥協の余地なく批判したのは、政治的・宗教的権力の乱用、貧しい人々や虐げられた人々の疎外、人を殺す暴力への依存である。

- イエスの死は、人間の不正義を厳然なまでに例示した。しかし、それは救いとゆるしによる神の正義の明らかな提示でもあった。イエスの復活は、神の正義が悪の力に勝利することを示すものである。
- 来るべき神の国の姿は、新しいメシア的共同体の第一の関心である。教会は、それ自身の生活において、イエスの生涯と活動によって示された正義の性格を体現しなければならない。

訳者あとがき

本書は、*The Little Book of Biblical Justice: A fresh approach to the Bible's teachings on justice*（Good Books, 2005）の全訳です。アメリカのイースタン・メノナイト大学にある正義と平和構築センターが出している「リトルブック」シリーズの一つで、ハワード・ゼア『責任と癒し』、ジョン・ポール・レデラック『敵対から共生へ』に続く三冊目の邦訳です。

私たちの多くにとって、「正義」はあまり日常的に使われる言葉ではありません。どちらかというととっつきにくい、融通がきかない、力ずく、ケンカのもとといったイメージがあるのではないでしょうか。でも同時に私たちは、ズルい、不公平、アンフェア、と感じるような経験を、けっこう日常的にしているはずです。「正義」を声高に叫びはしなくとも、私たちの正義感を刺激する出来事は、案外身近なところにあるのかもしれません。

本書は、そんな不正義と日々接している普通の人々が、正義について気軽に、しかし深く考えることができるよう、聖書の正義をコンパクトに読みやすく説明しています。聖書を通して示される正義のイメージは、一般の世の中で「正しい」とされていることが本当に正義といえるのか、私たちに再考を迫るものでもあります。それは同時に、キリスト教会における伝統的な正義の理解に対しても、聖書にたち返って再検討するよう促してもいるのです。

二〇一七年以降のミー・トゥー（#MeToo）運動や、二〇二〇年のブラック・ライブズ・マター（BLM）運動など、性暴力や人種差別に対して正義を求める運動が、教会の内外を問わず、世界各地に広まっています。新型コロナ禍にあって、これまで見えにくかった格差や不公正な社会構造が、より明らかになりつつもあります。聖書の神は正義にこだわる神であり、その正義とは神・人間・被造物の間の《本来の関係》が修復されることである、という著者の主張は、世界的広がりを見せている修復的正義（Restorative Justice、邦訳では「修復的司法」とも）の聖書的・神学的基礎を提供するものでしょう。

著者は、世界に先駆けて修復的正義を法制化したニュージーランドの聖書学者です。聖書学のみならず刑事法・刑事政策にも精通し、神学と法学にまたがる学際的な研究の第一人者といえます。生活世界の様々な関係修復に携わる人たちに、本書を手にとっていただければ幸いです。

二〇二〇年十一月

片野淳彦

クリス・マーシャルの図書

Kingdom Come: the Kingdom of God in the Teaching of Jesus (Auckland: Impetus Publications, 1993).

Beyond Retribution: A New Testament Vision for Justice, Crime and Punishment (Grand Rapids, MI: Wm B. Eerdmans, 2001).

Crowned with Glory and Honor: Human Rights in the Biblical Tradition (Telford, PA: Cascadia Publishing House, 2002).

All Things Reconciled: Essays on Restorative Justice, Religious Violence, and the Interpretation of Scripture (Eugene, OR: Cascade Books, 2018).

推薦図書

著者による推薦図書

Carter, Warren. *Matthew and the Margins: A Sociopolitical and Religious Reading* (Maryknoll, NY: Orbis, 2000).

Epzstein, Léon. *Social Justice in the Ancient Near East and the People of the Bible* (London: SCM, 1986).

Haugen, Gary A. *Good News About Injustice: A Witness of Courage in a Hurting World* (Ckowners Grove, IL: InterVarsity Press, 1999).

Herzog II, William R. *Jesus, Justice and the Reign of God: A Ministry of Liberation* (Louisville, KY: Westminster John Knox, 1999).

Kaylor, R. David. *Jesus the Prophet: His Vision of the Kingdom on Earth* (Louisville, KY: Westminster John Knox, 1995).

Leech, Kenneth. *True God: An Exploration in Spiritual Theology* (London: Sheldon Press, 1985).

Malchow, Bruce V. *Social Justice in the Hebrew Bible: What Is New and What Is Old* (Collegeville: Michael Glazier, 1996).

Weinfeld, Moshe. *Social Justice in Ancient Israel and in the Ancient Near East* (Minneapolis: Augsburg Fortress Press, 1995).

Wright, Christopher J. H. *An Eye for an Eye: The Place of Old Testament Ethics Today* (Downers Grove, IL: InterVarsity Press, 1983).

______. *Walking in the Ways of the Lord: The Ethical Authority of the Old Testamen*t (Downers Grove, IL: InterVarsity Press, 1996).

Yoder, Perry B. Shalom: *The Bible's Word for Salvation, Justice and Peace* (Newton, KS: Faith and Life Press, 1987).

聖書引用索引

著者　クリス・マーシャル

ニュージーランドで神学教育に携わり、とくにコミュニティを基盤とした代替司法に関心をもつ。神学的洞察と刑事司法理論の統合を探求する著作を発表し、国際的に認知されている。また、ニュージーランドにおける修復的正義の実践を発展させるボランティア活動にも精力的に取り組んできた。この分野での働きに対し、2004年には国際コミュニティ司法賞を受賞している。

ロンドン大学より新約聖書学で博士号取得。メノナイト合同聖書神学校（現アナバプテスト・メノナイト聖書神学校、インディアナ州エルクハート）より平和学修士号取得。ヴィクトリア大学ウェリントン（ニュージーランド）にて、セント・ジョン上級講師（キリスト教神学）をへて、現在、同大行政大学院のディアナ・アンウィン記念チェア（修復的正義）。

著書として『マルコの物語における主題としての信仰』『み国を来らせたまえ：イエスの教えにおける神の国』『栄光と誉れの冠：聖書の伝統における人権』『応報をこえて：新約聖書における正義、犯罪、処罰へのビジョン』（いずれも英文）、ほか聖書と倫理に関する著作多数がある。

訳者　片野淳彦（かたの・あつひろ）

中央大学大学院、メノナイト合同聖書神学校を修了。法学修士・平和学修士。酪農学園大学ほか非常勤講師。北海道メノナイト平和宣教センター理事。東北アジア地域平和構築講座（NARPI）講師（修復的正義）。NPO法人 RJ 対話の会理事。

聖書の正義
イエスは何と対決したのか

2021年2月20日　発行

著　者　クリス・マーシャル
訳　者　片野淳彦
印刷製本　シナノ印刷株式会社
発　行　いのちのことば社
〒164-0001 東京都中野区中野2-1-5
電話 03-5341-6922（編集）
03-5341-6920（営業）
FAX03-5341-6921
e-mail:support@wlpm.or.jp
http://www.wlpm.or.jp/

ISBN978-4-264-04240-2